Mein Leverkusen

Zwei Kinder erkunden ihre Stadt

Impressum

Mein Leverkusen
Zwei Kinder erkunden ihre Stadt

Herausgeber:
Garcia GmbH

Redaktion:
Projektgruppe Schulfibel Leverkusen

Textbeiträge:
Karin Hastenrath, Hans-Erich Hofmann,
Hans-Peter Leyer, Gertrud Liedtke, Karl
Mestel, Gabriele Pelzer, Peter Richrath,
Heiner Ridder, Lothar Saßerath, Beate
Schaefer, Jürgen Schumacher, Dietrich
Volberg
Ergänzende Textbeiträge:
Marianne Ackermann, Alexander
Hofmann, Ute Pfeiffer-Frohnert
**Weitere Mitarbeit in der
Projektgruppe:**
Walter Heeland, Evelyn Jarosch,
Gabriele John

Lektorat: Dr. Isa Schikorsky

Fotos:
Verein zur Förderung künstlerischer
Bildmedien Bayer e.V. Leverkusen:
Willy Borgfeldt, Paul Kessel, Doris Löhr-
Steeger, Werner Pusch, Julia Reckfort,
Henrik Reimann, Andrea und Frank
Ruppenthal, Alfred Vogel, Frank Wissem
Zusätzliche Fotos:
Bayer AG, Karin Hastenrath, Franz-Josef
Kollbach, Wilfried Longerich, Uwe
Miserius, Opladener Geschichtsverein
von 1979 e.V, Fa. Reinemann,
David Saßerath, Lothar Saßerath,
KulturStadtLev-Stadtarchiv,
Arbeitskreis Villa Römer, Willi Zeimer

Leitung des Gesamtprojektes:
Hans-Erich Hofmann
1. Auflage
Leverkusen, Juni 2005

Gestaltung/Layout/Satz:
Garcia GmbH

Herstellung:
Druckhaus Garcia GmbH

Copyright:
Verein „Leverkusen, ein
starkes Stück Rheinland"

Printed in Germany

ISBN: 3-00-015905-3

**Anfragen, Änderungen,
Wünsche, Informationen etc.:**
Druckhaus Garcia GmbH
Stauffenbergstr. 14–20
51379 Leverkusen

Inhalt

Hat der Oberbürgermeister Tiere?

Caroline und Roland zu Gast
bei Ernst Küchler

*Die Schüler Caroline Stamm
und Roland Clasen wollen Leverkusen
kennen lernen – und wo beginnt man
da? Beim Oberbürgermeister der Stadt.
So besuchten die beiden Grundschüler
Oberbürgermeister Ernst Küchler
morgens zum Dienstbeginn in seinem
Büro und stellten ihm ihre Fragen.*

**Caroline: Wie sind Sie eigentlich zu
dem Job gekommen?**

Ich bin von den Leverkusener Bürge-
rinnen und Bürgern gewählt worden.

**Roland: Was wollen Sie anders
machen als Ihr Vorgänger?**

Ich schaue lieber nach vorne als zurück.
Wir Politiker sollten uns intensiver mit
den Bürgern und ihren Interessen
beschäftigen. Wir müssen besser erklären, was wir vorhaben und darauf hören
was die Bürger wollen.

**Caroline: Wollen Sie neue Schulen
bauen?**

Wir brauchen keine neuen Schulgebäude, aber zum Beispiel mehr
Ganztagsbetreuung in den Schulen.

Caroline: Oh!

Ja, da soll es dann Mittagessen geben,
Sport, Theater und Hausaufgaben-
betreuung.

**Roland: Wieso ist das Rathaus in so
viele Büros aufgeteilt?**

Für alle Aufgaben der Stadt ist ein
Rathaus einfach nicht groß genug.
Das macht aber nichts. Das Straßen-
verkehrsamt kann ruhig außerhalb sein,
da kann man gut parken und die Mieten
sind auch nicht so teuer. Und auch die
Kultur ist im Forum gut aufgehoben, um
nur zwei Beispiele zu nennen.

**Roland: Aber ist das nicht blöd für
die Bürger, wenn sie mehrere Sachen**

Leverkusen von oben

Ein großes Luftbild von Leverkusen an der Wand des Besprechungszimmers hatte es Roland angetan. Beim Stichwort Landesgartenschau suchte der Neunjährige sofort das

Gelände der LAGA und erklärte, dass die Deponie darunter mit vielen Schichten aus Folie, Lehm, Steinen, Erde und noch mal Erde abgedichtet sei.

Sein Vater habe dabei mitgewirkt, deshalb wisse er das so genau. Oberbürgermeister Küchler erklärte die anderen Pläne an der Wand. In diesem Zimmer berate sich immer der Verwaltungsvorstand und für dessen Orientierung hingen die Aufrisse wichtiger Projekte an der Wand: Die Landesgartenschau natürlich, aber auch das Bahngelände in Opladen und ein Flächennutzungsplan von ganz Leverkusen. So ein Plan sei nötig um festzulegen, wo man bauen dürfe und wo nicht.

hintereinander bei der Stadt machen wollen?

Im Durchschnitt geht ein Leverkusener alle drei Jahre einmal zur Stadt, um einen neuen Personalausweis zu beantragen, ein Auto anzumelden oder ein Gewerbe anzumelden. In Zukunft wird man vieles auch online erledigen können. Da ist das Rathaus als Gebäude gar nicht so wichtig.

Caroline: Wo sind Sie am liebsten in Leverkusen?

Zuhause.

Roland: Was ist Ihr Lieblingsverein?

Bayer 04. Ich habe eine Jahreskarte.

Wenn ich Zeit habe, gehe ich zu den Heimspielen, – und wenn ich keine Zeit habe, freut sich mein Sohn.

Caroline: Wo sind Sie zur Schule gegangen?

Ich komme aus Freiburg, dort bin ich zur Volksschule gegangen und zum Gymnasium.

Roland: Was sind Sie von Beruf?

Ich habe politische Wissenschaften studiert und dabei gelernt, wie Politik funktioniert.

Roland: Muss man das studiert haben, wenn man Oberbürgermeister werden will?

Nein, Oberbürgermeister kann jeder Bürger werden. Man muss Erfahrung haben, wissen, wie man Mehrheiten für eine Sache findet und Entscheidungen herbeiführt. Man muss mit den Menschen reden können.

Caroline: Haben Sie Haustiere?

Wir hatten einen Hasen, der ist aber letztes Jahr gestorben - unser Sohn hatte den hinterlassen, als er auszog. Der Hase ist sehr alt geworden, 9 oder 10 Jahre.

Caroline: Was werden Sie im Karneval?

Zu Weiberfastnacht ist ja der Rathaussturm, bei dem die Narren dem Oberbürgermeister für die tollen Tage die Macht abnehmen. Das ist in diesem Jahr auf dem Gelände der Landesgartenschau.

Roland: Deshalb werden Sie Blume?

So ähnlich. Ich gehe sozusagen als wandelnder Rasen.

**Liebe Kinder und Jugendliche,
sehr geehrte Damen
und Herren,**

eine wunderbare Heimatfibel, in der
Paula und Paul ihre Stadt Leverkusen
besser kennen lernen. Sie stellen viele
Fragen, deren Antworten auch wir
Erwachsene sicherlich nicht mehr alle
gewusst hätten; ein Buch also für kleine
und große Leute.

Und vieles macht Geschmack auf mehr:
Grund genug, das ein oder andere
Bauwerk, die ein oder andere
Einrichtung vom Museum Morsbroich
bis zum Stadtarchiv, das ein oder andere
Stadtteilfest oder Kirmes, einen Spiel-
platz oder ab April die Landesgarten-
schau aufzusuchen und seine
Kenntnisse über die Stadt zu vertiefen.

In der durch Fernsehen, Computer, Mails
und Faxe, Flugzeuge und Handys viel
kleiner und schneller gewordene Welt
wird es immer wichtiger, auch seine
Heimat zu kennen. So wie jedes Haus
besseren Stand durch ein gutes, solides

Fundament erhält, so hat auch jeder
Mensch einen besseren Stand in unserer
Welt, der viel von seiner Heimat, den
dortigen Menschen und geschichtlichen
Zusammenhängen weiß und darauf
(auf)bauen kann. Ich bin ganz sicher,
dass diese Fibel dazu beitragen wird.

Danke den Mitgliedern des Vereins
„Leverkusen ein starkes Stück Rheinland", die diese Idee hatten und so toll
umgesetzt haben. Danke den Sponsoren,
die das Projekt unterstützt und zur
Vollendung gebracht haben. Danke an
Paula und Paul, die mit offenen Augen
und Ohren durch alle Stadtteile von
Leverkusen gegangen, gefahren und
gepaddelt sind, um Historisches,
Schönes und Alltägliches für uns alle
aufzuspüren.
Die hieraus entstandene Heimatfibel
kann sich sehen lassen und bereichert
das 75-jährige Stadtjubiläum.

Der Fibel wünsche ich viele Leserinnen
und Leser, die anschließend wieder neugierig die Stadt erkunden.

Ihre

Helga Roesgen
Beigeordnete der Schulen, Kultur,
Jugend und Sport

Leverkusen
und seine 13 Stadtteile

In der zweiten Hälfte des 19. Jahrhunderts errichteten viele Industrieunternehmen aus dem Bergischen Land und der Gegend um Köln ihre Fabriken in der Nähe von Wiesdorf, Manfort und Schlebusch. In Wiesdorf standen z.B. die Ultramarinfabrik von Dr. Carl Leverkus und die Farbenfabriken vormals Friedrich Bayer & Co.; in Manfort das Walz- und Hammerwerk von Theodor Wuppermann und die Maschinenfabrik EUMUCO. In Schlebusch entstanden die Elberfelder Textilwerke A.G. und die Dynamitfabrik vormals Alfred Nobel & Co. Daneben gab es noch viele kleinere Fabriken. In der Gegend von Bürrig und Küppersteg hatten sich hauptsächlich Sprengstofffabriken angesiedelt. Viele Arbeiter aus dem Bergischen Land fanden in den Fabriken einen neuen Arbeitsplatz, zogen mit ihren Familien an den Rhein und wohnten in den neu errichteten Arbeitersiedlungen. 1921 war die Bevölkerung von Wiesdorf und Umgebung so angestiegen, dass der Gemeinde Wiesdorf die Stadtrechte verliehen wurden. 1930 schloss sich die Stadt Wiesdorf dann mit den Gemeinden Rheindorf, Steinbüchel

Hitdorf

Rheindorf

Bürri

Wiesdorf

und Schlebusch zur neuen Stadt Leverkusen zusammen. Zum Stadtgebiet gehörten auch die Stadtteile Bürrig, Küppersteg und Manfort. Später kam die Großsiedlung Alkenrath als weiterer Stadtteil hinzu. 1975 wurden in Nordrhein-Westfalen die Gebiete aller Städte und Gemeinden neu geordnet. Das Stadtgebiet von Leverkusen wurde um die Städte Opladen, Bergisch Neukirchen und der Monheimer Stadtteil Hitdorf erweitert. Mit Opladen kamen auch Lützenkirchen und Quettingen hinzu. Deshalb hat Leverkusen heute 13 Stadtteile.

Berg. Neukirchen

Opladen

Lützenkirchen

Quettingen

Steinbüchel

Alkenrath

Küppersteg

Schlebusch

Manfort

Leverkusen

Im Ballon
über Leverkusen

Im Ballon über Leverkusen

Paula und Paul erkunden ihre Heimat Leverkusen aus der Luft – mit einem Heißluftballon.

Bist du schon einmal mit einem Heißluftballon gefahren? Meine Freundin Paula und ich wollen heute in den Sommerhimmel aufsteigen. Aber ich habe ganz vergessen mich vorzustellen. Ich heiße Paul und gehe zusammen mit Paula in die dritte Klasse der Erich-Klausener-Schule in Alkenrath. Wir wohnen beide in der Geschwister-Scholl-Straße. Im Haus neben uns wohnt Frajo. Er heißt eigentlich Herr Kühne und fährt eine Harley, so ein richtig schweres Motorrad. Frajo ist schon alt, mindestens dreißig. Paula und ich helfen ihm öfter, die Harley zu polieren. Dafür hat er uns zu einer Ballonfahrt über Leverkusen eingeladen. Das ist toll!

Zuerst zündet der Ballonfahrer den Brenner an. Die Luft im Ballon wird geheizt, damit er steigen kann. Das finde ich etwas unheimlich. Doch dann schweben wir ganz ruhig nach oben. Und von dort blicken wir über ganz Leverkusen.

Frajo hat eine Landkarte dabei. Als wir über den Wasserturm hinausgestiegen sind, zeigt er uns, was wo zu sehen ist. Er legt seine rechte Hand mit aus-

ständige Ortschaften waren, erklärt uns Frajo. Rheindorf und Hitdorf lebten vor allem vom Fischfang, dem Transport auf dem Rhein und von der Landwirtschaft.

gestrecktem Daumen an das blaue Band, das auf der Karte den Rhein markiert. Sein Daumen weist auf das Bayerwerk. Wo der Zeigefinger beginnt, liegt Rheindorf und am Ende des Zeigefingers Hitdorf.

Die Endsilbe „-dorf" weist darauf hin, dass es früher selbst-

Der Rhein fließt in einer großen Kurve von Süden nach Norden an Leverkusen vorbei.
Der Ballon fährt langsam weiter. Wir sehen unter uns die Brücke über den Rhein, auf der die Autobahn (A1) nach Solingen und Remscheid verläuft. Die Autos und Lastwagen bewegen sich wie Ameisen in einer langen Reihe. Am Ende der Brücke

liegt der grüne Park der Landesgartenschau.

Dann sehen wir den bemalten Wasserturm. Daneben entdecken wir ein grünes Rechteck: das Stadion von „Bayer 04". Wir können die hohen Masten des Flutlichts erkennen. Paula zeigt auf das Autobahnkreuz hinter dem Stadion. Die Autobahn (A3) läuft genau wie der Rhein von Süden nach Norden bis nach Holland. Dahinter sehen wir die Eisenbahnlinie und noch eine grüne Fläche.

Das ist der Bürgerbusch. Ein großer Teil davon gehört schon zu Schlebusch. Hier steht auch das Krankenhaus, in dem Paula letzten Winter ihren Arm eingegipst bekam. Am Horizont liegen Lützenkirchen und Quettingen. Der Wind treibt den Ballon ruhig nach Norden, Richtung Opladen und Bergisch Neukirchen.

Frajo zeigt nach unten: „Das ist die Wupper. Noch vor fünfzehn Jahren war sie schmutzig

16

und hat gestunken. In der Zwischenzeit hat man Klärwerke gebaut und verboten, verdreckte Abwässer hineinlaufen zu lassen. Heute ist der Fluss recht sauber. Es schwimmen sogar schon wieder einige Fische darin." Und dann erklärt er weiter: „Bis dort hinten, wo Leichlingen anfängt und die Sandberge zu erkennen sind, reichte vor langer Zeit einmal der Rhein. Im Verlauf von vielen Jahrhunderten hat er sein Bett gewechselt."

Wir sehen zurück und erkennen Wiesdorf. Es sieht aus wie die Anlage einer Modelleisenbahn. Nach der Landung bedanken wir uns bei dem Ballonfahrer und fahren mit Frajo zurück nach Hause.

Am Abend fragt mich meine Mutter, was am schönsten gewesen sei. „Wie die heiße Luft den Ballon gefüllt hat und ihn dann steigen ließ", sage ich. Sie lächelt: „Und was hat dir sonst noch gefallen?" Ich muss erst einmal nachdenken, denn es sind so viele neue Eindrücke gewesen. Doch dann fällt es mir ein: „Weißt du, als wir von oben auf die Stadt sahen, merkte ich, dass Leverkusen eine schöne Stadt mit ganz viel Grün ist."

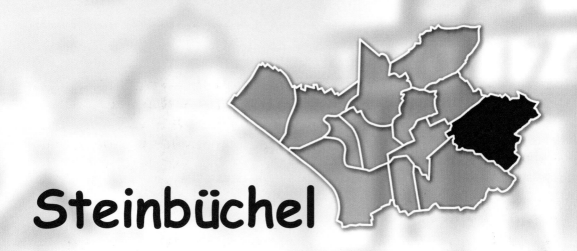

Steinbüchel

Ein Sonntagsausflug ins Grüne

Ein Sonntagsausflug ins Grüne

Paula: „Es hat geklingelt, ich mach' mal schnell die Türe auf, das wird sicher Paul sein, der uns heute bei der Ausflugsfahrt begleitet."

Paul: „Guten Morgen und vielen Dank für die Einladung."

Vater: „Wir wollen gleich los und zwar ins ‚Grüne' rund um Leverkusen."

Paul: „Da bin ich mal gespannt wohin wir fahren!"

Vater und Mutter stehen mit einem Picknickkorb vor dem Auto. Vater: „Ihr braucht keine Sorge zu haben, wir fahren nicht sehr weit, aber es ist besser, wenn wir etwas zu essen dabei haben."

Die beiden Kinder steigen ein und es geht los, durch den Ortsteil Schlebusch bis zu einer großen Kreuzung. „Geradeaus geht's doch nach Altenberg", sagt Paul. „Das stimmt", sagt die Mutter, „aber fahr' mal links herum den Berg hinauf, Vater!"

„Rechts liegt der Leimbacher Berg und links, hinter dem Altenheim, liegt der Ophovener Weiher, ihr kennt doch das große Seefest, das jedes Jahr dort stattfindet", erklärt der Vater.

Paul: „Klar, dort spielen immer Musikkapellen, es gibt einen Flohmarkt rund um den See."

Der Vater fährt weiter. „Gleich kommt rechts unten der Ortsteil Höfen und dann kommen wir nach Fettehenne."

Paula: „Ha. Ha, wo ist denn hier eine fette Henne, ich sehe gar keine Hühner."

„Der Name ‚Fettehenne' hat auch nichts mit Hühnern zu tun", sagt der Vater, „wenn der Boden für die Bauern gut war, dann sagte man früher er war ‚fett' und zum Boden sagte man ‚Hain oder Hag', daher kommt dieser Name."

„Und wie heißt die Siedlung auf der linken Seite?", fragt Paula. „Das ist die Siedlung Mathildenhof", sagt der Vater. „Auch wieder so ein Name", bemerkt Paula, „wohnt da etwa die Mathilde?" „Du hast schon wieder Recht", sagt der Vater, „früher, im vorigen Jahrhundert, war hier ein großes Obstgut und der Besitzer war ein Friedrich Weskott. Seine Ehefrau hieß: na was meint ihr wohl?"

„Mathilde", ruft Paul. „Richtig", sagt der Vater, „und als man Ende der 50er-Jahre, also ungefähr 1958, mit dem Bau der Siedlung begann, nannte man das ganze Wohnprojekt ‚Mathildenhof'.
Die Siedlung wird in zwei Teile geteilt, und zwar durch den Ophovener Mühlenbach und seine Wiesenaue. Weit über 1000 Wohnungen wurden damals hier gebaut. Seht mal dort drüben das große Wohnhaus. Man nannte es das ‚rote Haus', weil es mit roten Platten verkleidet war."
Paula: „Das Haus ist ja gar nicht rot."
Vater: „Die Platten sind entfernt worden und das Haus wurde

gelb angestrichen. Die Firma, die diese Siedlung errichtet hat, kam übrigens aus Berlin und deshalb tragen die Straßen die Namen von Berliner Stadtteilen."
„Hier rechts beginnt der Höfer Weg, das ist ein wunderbarer Wanderweg", sagt die Mutter, „vorbei an der Tennisanlage kommt man zur Höfer Mühle; dort gibt es Ziegen und einen Wasserteich, der sich aus dem Leimbach speist. Bis vor 150 Jahren gab es dort noch eine Mühle und eine Bäckerei.

St.-Johannes-
Nepomuk-
Kapelle in
Fette Henne

mäuse kann man abends sehen," ergänzt die Mutter, „aber jetzt können wir dort nicht entlang fahren, denn die Wege sind gesperrt, damit die Kröten zu den Wasserstellen wandern können."

„Was ist das für eine kleine Kirche dort drüben?", fragt Paula. „Das ist eine Kapelle. Die St.-Johannes-Nepomuk-Kapelle", erklärt der Vater, „um 1737 wurde die Kapelle neu erbaut, und zwar von einem Komtur der Deutschordensritter, Jobst Moritz von Droste-Senden, der zu Morsbroich wohnte. Die Jahreszahl und das Wappen kann man außen an der Fassade sehen. Die Bevölkerung wollte damals, dass die kleine Kapelle Pfarrkirche wurde, aber die Domherren in Köln wollten den Standort am Rittersitz Steinbüchel behalten. Erst gegen Ende des 19. Jahrhunderts, so um 1880, wurde

Man kann dann weiter wandern zum Gut Horkenbach oder rechts den Weg nehmen bis zum ‚Edelrather Weg' und wenn man dann über Engstenberg zurückkommt, hat man einen schönen und weiten Rundgang gemacht." „Oder man geht weiter bis nach Altenberg", führt der Vater aus, „ihr glaubt gar nicht, wie viele Tiere es im Leimbachtal gibt. Ich habe dort schon Mäusebussarde, Turmfalken, Habichte und sogar den Roten Milan, einen hier seltenen Vogel, gesehen." „Auch Wildschweine und Rehe?", fragt Paul. „Die sind auch da, und Dachse, Marder und Füchse, sogar Fleder-

mit dem Bau der St.-Nikolaus-
Kirche in Neuboddenberg
begonnen. Dann kam aber
sogar der Erzbischof aus
Köln und weihte die neue
Kirche ein."

"Hier wechselt dauernd die
Gegend", sagt Paul, „dort ist
schon wieder eine neue
Siedlung."
„Auch dort gibt es einen
großen Bauernhof, nämlich
das Gut Meckhofen. Die neuen
Häuser sind erst vor einigen
Jahren gebaut worden und

mitten drin, zwischen den
Häusern, ist eine große Uhr
aus Steinen. Und wisst ihr
auch, wer dort wohnt?"
„Ich weiß es", ruft Paula, „als
wir beim Oberbürgermeister,
Herrn Küchler, waren, hat er
uns erzählt, dass er hier wohnt.
Vorher wohnte er in Gronen-
born, direkt an der Stadtgrenze
zu Odenthal."
„Da gab es früher auch eine
Mühle, bei Hahnenblecher,
hat uns Herr Küchler erzählt",
bestätigt Paul und bei Hahnenblecher entspringt auch der
Leimbach, der dann in Schlebusch in die Dhünn mündet."
„Manchmal staune ich schon,
was ihr alles wisst. Jetzt fahren
wir weiter, einmal über die
Sprungschanze, so nennt man
dieses steile Stück Straße und
vorbei an Schnorrenberg und

St.-Nikolaus-
Kirche in
Neubodden-
berg

Gronen-
borner Mühle

Niederblecher zur Spitze", sagt der Vater. „Zu welcher Spitze?", fragt Paula. „Zum höchsten Punkt der Stadt Leverkusen." Der Vater biegt nach links zur Deponie ein. „Hier geht's zum Ortsteil Heidberg und zur Hirzenberger Mühle. Das ist der höchste Punkt von ganz Leverkusen, genau 198,70 Meter über dem Meeresspiegel".

„Und wo ist der niedrigste Punkt von Leverkusen?" fragt Paul. Der Vater staunt: „Ihr wollt aber auch alles genau wissen. Ich glaube, der niedrigste Punkt ist die Einfahrt zum Hitdorfer Hafen mit 35 Metern über dem Meeresspiegel. Doch jetzt machen wir erst einmal eine kleine Picknickpause."

Nachdem sich Paul und Paula gestärkt haben, blicken sie weit über Leverkusen hinaus bis nach Köln .

„Kommt, wir fahren weiter", ruft der Vater, „gleich geht's in Kurven steil bergab zur Hirzenberger Mühle." „Ein Glück, dass uns kein Auto entgegenkommt", sagt Paul, „hier passen keine zwei Wagen nebeneinander."

Paula: „Gibt es hier in der Nähe nicht auch Pferde?"

Vater: „Klar, da gibt es z.B. den Köttershof und den Wieberts-hof und Ropenstall, da fahren wir jetzt vorbei. Seht ihr die Pferde dort auf dem Haus auf-gemalt?", zeigt der Vater.

„Schau mal", sagt Paul, „diese Straße heißt ‚Krummer Weg'."

„Ja, das sieht man doch, der Weg ist ganz krumm." „Und wie heißen die großen Häuser dort?"

„Nun", sagt der Vater, „das ist die sogenannte Derr-Siedlung, so hieß die Baugesellschaft, die diese Siedlung in den 60-er Jahren gebaut hat."

„Paul, wenn man im obersten Stockwerk ist, dann kann man sicher sehr weit sehen?", fragt Paula.

„Ich glaube, man braucht gar nicht hinauf zu gehen, schaut mal an den Häusern vorbei", sagt die Mutter und zeigt nach vorne. „Wenn man genau hinsieht, erkennt man das ganze Bayerwerk und kann sogar den Dom und den Fernsehturm von Köln, den Colonius, sehen.".

Der Vater biegt jetzt ab vom Krummen Weg und fährt den Alt Steinbücheler Weg entlang. „Jetzt kommt wieder eine neue Siedlung, nämlich Lichtenburg; dann kommen wir zum Haus Steinbüchel; das war früher der Sitz der Ritter von Steinbüchel. Und damit wir uns nicht verfahren, geht's nun über die Steinbücheler Straße zur Oulustraße", beschreibt der Vater den Weg.

„Hört sich aber komisch an, ,Oulustraße', das passt aber gar nicht zu den anderen Namen", sagt Paula.

„Du hast wieder mal Recht, Paula", bestätigt die Mutter, ,Oulu' ist eine Stadt im Norden von Finnland und ist eine Partnerstadt von Leverkusen."

„Was ist denn eine Partnerstadt?", will Paul wissen.

Der Vater berichtet: „Städte können einen Vertrag mit

Haus Steinbüchel

anderen Städten im Ausland schließen; Schüler und andere Gruppen, wie zum Beispiel Sportvereine besuchen sich gegenseitig. Man lernt die Menschen in der anderen Stadt besser kennen, wenn man persönliche und private Kontakte hat und – vielleicht lernt man auch viel schneller und besser die Sprache des anderen Landes."

„Heute habt ihr beide erst mal einen großen Teil von Leverkusen kennen gelernt", sagt die Mutter, „wenn ihr die ganze Stadt einmal gesehen habt und in der Schule gut mitmacht, dann überlegen wir, ob ihr nicht auch die Partnerstädte von Leverkusen besuchen könnt, aber bis dahin vergeht noch einige Zeit."

„Dies ist jetzt der Ortsteil Heidgen, er wurde erst 1965/66 so stark bebaut; dort drüben seht ihr die Gesamtschule Schlebusch, eine von den beiden Gesamtschulen in Leverkusen. In der großen Sporthalle finden die Bundesligaspiele der Volleyballdamen von Bayer 04 statt. Gleich sind wir zu Hause; dann könnt ihr auf dem Stadtplan noch einmal nachsehen, wo wir überall gewesen sind", ermuntert der Vater die beiden Kinder.

„Ja", sagen Paul und Paula wie aus einem Mund, „wir hätten nicht gedacht, dass Steinbüchel so groß ist und so viele kleine Orte hat".

„Vielen Dank, dass ich mitfahren durfte, dort drüben steht schon mein Opa, der bringt mich nach Hause", verabschiedet sich Paul, „wir sehen uns sicher bald wieder."

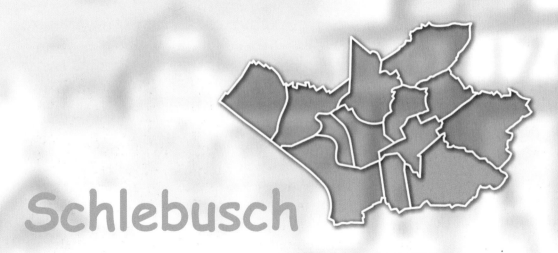

Schlebusch

Auf den Spuren der Ritter

Paul und Paula fahren mit ihren Rädern durch die Alkenrather Straße und die Kastanienallee zum Schloss Morsbroich. Im Innenhof sind sie mit Herrn Müller verabredet, der sich eingehend mit der Geschichte des Schlosses beschäftigt hat. Er erzählt: „Heute gehört Morsbroich zu Alkenrath, aber früher lange Zeit zu Schlebusch. Vor etwa siebenhundert Jahren stand hier eine Burg. Wie sie genau aussah, wissen wir leider nicht. Sie gehörte einem Ritter Johann mit dem Beinamen Moir. Das Gebiet war sumpfiges Waldland, auch Bruch genannt. So erklärt sich der Name Morsbroich. Das ‚oi' wird wie ein langes ‚oo' gesprochen."

„Eine Ritterburg habe ich mir aber anders vorgestellt", wirft Paul etwas enttäuscht ein. Herr Müller lacht. „Da hast du völlig Recht. Vor über zweihundert Jahren wurde die alte Burg abgerissen. Es wurde das schöne Barock-Schlösschen erbaut, das ihr hier vor euch in der Mitte seht. Zu dieser Zeit gehörte Morsbroich dem Deutschen Ritterorden. Die beiden Seitenflügel errichtete man erst mehr als hundert Jahre später. Oft wechselte das Schloss seinen Besitzer. Heute

Schloss Morsbroich

gehört es der Stadt Leverkusen. Im Hauptgebäude wurde ein Museum eingerichtet, das Werke der modernen Kunst ausstellt. In den Remisen sind die Museumsschule, ein Restaurant und verschiedene Büros untergebracht." „Was sind Remisen?", will Paula wissen. „Das ist die ehemalige Vorburg, die im Halbkreis am Burggraben entlang gebaut ist. Sie diente der Verteidigung der Burg", erklärt Herr Müller. „Hier waren früher die Ställe und die Wohnungen der Bediensteten. Lasst uns noch in den Garten hinter dem Schloss gehen. Er wird im Sommer oft für Konzerte und andere Veranstaltungen genutzt." Paul und Paula schlendern auf Kieswegen durch den Park. Sie entdecken viele abstrakte Plastiken, die zum Skulpturenpark des Museums gehören.

Dann fahren die Kinder durch den Wald weiter in Richtung Klinikum. „Das sind aber viele Gebäude", staunt Paul. „Ist das Krankenhaus denn so groß?" „Ja", antwortet Paula. „Meine Mutter hat mir erzählt, dass es

über siebenhundert Betten hat. In jedem Jahr kommen hier mehr als tausend Kinder zur Welt!" Das Klinikum liegt in einem schönen Park an der Dhünn. Von der Brücke aus sehen sie ein kleines Haus aus roten Klinkern, das direkt am Ufer steht. „Von meinem Opa weiß ich", berichtet Paul, „dass man 1956 beim Bau des Krankenhauses plante, hier mit einer Turbine Strom zu erzeugen. Aber daraus wurde nichts. Stell' dir vor, heute werden in diesem Gebäude Lachse gezüchtet, die dann in der Dhünn ausgesetzt werden!"

An der Dhünn entlang radeln Paul und Paula zur Waldsiedlung. Dort besu-

Haupteingang Klinikum Leverkusen

chen sie Opa Kurt, den Großvater von Paul. Er zeigt ihnen
die vielen Häuser, die ab 1935
gebaut wurden. „Vorher war
hier die Carbonit-Fabrik, die
Sprengstoff herstellte", erzählt
er den Kindern. „1926 explo-
dierte sie. Viele Gebäude wurden zerstört und die restlichen

**Evangelische
Kirche „Am
Blauen Berg"**

riss man ab. Auf dem Gelände
entstanden Einfamilienhäuser.
Das Viertel trägt den Namen
‚Waldsiedlung', weil dort schon
immer ein Wald war. Von der
Dynamitfabrik blieb nur das
Direktionsgebäude erhalten.
Heute ist es ein Hotel."

Sie gehen an der Bundesstraße
51 entlang, die erst Mülheimer
Straße und ab der Dhünnbrücke
Bergische Landstraße heißt.
Kurz vor der Brücke entdecken
sie rechts auf einem Hügel eine
Kirche, zu der viele Treppen-
stufen hinauf führen. „Das ist
die evangelische Kirche ‚Am
Blauen Berg'", erklärt der
Großvater. „Es gibt sie schon
seit 1853, wie man am Turm
lesen kann. Damit ist sie das
älteste evangelische Gotteshaus
in Schlebusch! Innen ist die
Kirche ganz einfach und
schlicht gehalten." „Wieso heißt
sie ‚Am Blauen Berg'?", fragt
Paul. „Dafür gibt es unter-
schiedliche Erklärungen",
antwortet der Großvater.
„Wahrscheinlich deshalb, weil
man die Protestanten damals
die ‚Blauen' nannte - im
Gegensatz zu den ‚Schwarzen',
den Katholiken."

„Und wer wohnt gegenüber in dem schönen Haus im Park?", fragen beide Kinder wie aus einem Mund. „Das ist die ‚Villa Wuppermann'", sagt der Großvater. „Bauen ließ sie ein Mülheimer Tuchfabrikant als Sommersitz für seine Familie. Sie erinnert an ein Schweizer Landhaus. Später kaufte der Stahlwerk-Besitzer Wuppermann die Villa. Seit 1987 gehört sie der Stadt Leverkusen, die sie zu einem Bürgerzentrum umbaute. Man kann dort zum Beispiel Geburtstag oder Kommunion feiern. In der ‚Villa Wuppermann' finden Tagungen und Vereinstreffen statt. Sogar heiraten kann man hier."

Paul, Paula und der Großvater überqueren die Dhünnbrücke und spazieren durch den Wuppermann-Park zum Hammerweg. Vor einem alten Fabrikgebäude bleiben sie stehen. Über der Tür sehen sie ein in Stein gehauenes Herz mit den Buchstaben K/S. „Das bedeutet ‚Kuhlmann und Söhne'", erklärt der Großvater. „Hier wurden früher Sensen und Sicheln hergestellt. Vom Wasser der Dhünn angetriebene Wasserräder bewegten den Hammer und die Schleifsteine."

„Wozu brauchte man die Sensen und Sicheln?", will Paul wissen. „Damit wurden Getreide und Gras gemäht. Als immer mehr Maschinen in der Landwirtschaft eingesetzt wurden, ging der Verkauf von Sensen und Sicheln stetig zurück. 1987 wurde die Fabrik geschlossen." „Wer wohnte in den kleinen Häuschen daneben?", fragt Paula. „In diesen Fachwerkhäusern lebten die Arbeiter, in der Villa die Familie des Fabrikanten. Jetzt wird dieser älteste Industriebetrieb Leverkusens in ein Museum umgewandelt. Die Wasserkraft der Dhünn drehte früher Wasserräder. Heute werden damit von der EVL, der Energieversorgung Leverkusen, zwei Turbinen zur Stromerzeugung für den Sensenhammer angetrieben. Nach Anmeldung können die Hallen besichtigt werden. Vielleicht besucht ihr mit eurer Klasse einmal den alten Sensenhammer!"

Sie gehen mit dem Großvater durch den Freudenthaler Weg zurück in die Waldsiedlung. Von dort aus fahren Paul und Paula mit ihren Rädern wieder nach Hause.

Paul darf heute nach der Schule mit zu Paula nach Hause gehen. Paula schließt die Wohnungstür auf. „Na, wie war es in der Schule?" Das ist ja Opas Stimme! Paula antwortet: „Wir haben Projektwoche, da ist Schule prima!" Opa staunt: „Was ist denn das?" „Eine Woche lang beschäftigen wir uns nur mit einem Thema", erklärt Paula. Aber Opa lässt nicht locker: „Lernt ihr denn in dieser Zeit auch etwas?" „Aber ja", sagt Paula. „Wir erfahren alles über die Ritter. Glaubst du, dass es in Schlebusch auch welche gab?" Opa überlegt nur kurz: „Ich denke schon. Wenn ihr mögt, können wir uns heute Nachmittag auf die Suche begeben."

Nach dem Mittagessen gehen sie los. Am Lindenplatz beginnt die Fußgängerzone. Hier ist der Mittelpunkt von Schlebusch. „Oh, seht mal, ein Springbrunnen und ein Denkmal!", ruft Paul. Opa lacht: „Das ist kein Denkmal, das ist eine moderne Skulptur. Sie zeigt uns das ‚Tor zum Bergischen Land'. Schon vor achthundert Jahren führte von hier aus der Weg nach Bur-

scheid, Wermelskirchen und weiter in Richtung Osten." Opa weiß noch viel mehr: „Wo jetzt nur Fußgänger und Radfahrer verkehren dürfen, verlief früher die Hauptstraße. Schlebusch war damals ein Straßen- oder Reihendorf. Die Menschen bauten ihre Häuser am liebsten rechts und links entlang der Dorfstraße. Fußgänger, Reiter und Pferdefuhrwerke benutzten den Weg in der Mitte. Doch in

Das „Tor zum Bergischen Land" am Lindenplatz

Früheres Bürgermeisteramt Schlebusch

Danach gehörte Schlebusch zur neuen Stadt Leverkusen und das Bürgermeisteramt wurde nicht mehr gebraucht. Jetzt treffen sich hier die älteren Mitbürger und Schlebuscher Vereine."

Sie schlendern weiter bis zur St. Andreas-Kirche. Die Backstein-basilika wurde 1891 eingeweiht. Ihre mächtigen Doppeltürme ragen steil hinauf in den Himmel. „Kommt mit hinein", sagt Opa. „Ich möchte euch etwas zeigen." Am linken Seitenaltar bleiben sie stehen. „In diesem schön geschnitzten Schrein liegen die Gebeine des Seligen Gezelinus. Paul erinnert sich an die Legende: „Vor unge-fähr neunhundert Jahren hüte-te der Mönch vom Kloster Altenberg Schafe am Rand des heutigen Bürgerbusches. Dabei entdeckte er eine Quelle mit Heilwasser. Nach Gezelins Tod wurde an der Stelle die Gezelin-Kapelle errichtet."

den siebziger und achtziger Jahren des letzten Jahrhunderts nahm der Autoverkehr sehr zu. Deshalb leitete man ihn über die breitere Oulustraße. Jetzt brauchen die Menschen nicht mehr auf den Verkehr achten, wenn sie im ‚Dorf' einkaufen gehen."

Ein paar Schritte weiter bleibt Paula vor einem großen, gelben Haus stehen. Sie liest laut: „Bürgermeisteramt!" Paul staunt: „Gibt es in Schlebusch einen Bürgermeister?" „Nein, schon lange nicht mehr", berichtet Opa. „Bis 1930 war in diesem Haus das ‚Schliebijer Roothuus', also das ‚Schle-buscher Rathaus' untergebracht.

Kurz darauf stehen sie wieder in der Fuß-gängerzone. Der Großvater weist auf ein ganz mit Schieferplätt-

chen verkleidetes Haus mit grünen Fensterläden: „Dies ist das schönste Haus von Schlebusch. Es wurde kurz nach 1800 gebaut und war das Wohnhaus der Familie von Zuccalmaglio." „Und jetzt ist es eine Spielhalle. Wir dürfen nicht hinein", ruft Paula enttäuscht. „Aber ich kann die schönen Stuckverzierungen im Flur erkennen", bemerkt Paul. Auf einer Tafel am Eingang lesen sie, dass in diesem Haus Vinzenz von Zuccalmaglio (1806–1876) geboren wurde. Später nahm er den Schriftstellernamen „Montanus" an. Damit wies er

Volkslieder. Opa stimmt die Melodie an und Paula sagt sofort: „Das kenne ich aus der Schule" und singt mit:

*„Kein schöner Land
in dieser Zeit,
als hier das unsre
weit und breit,
wo wir uns finden
wohl unter Linden
zur Abendzeit,
wo wir uns finden
wohl unter Linden
zur Abendzeit."*

Wohnhaus
der Familie
Zuccalmaglio

auf seine Herkunft aus dem „Bergischen" hin. Der Schriftsteller sammelte Sagen und Erzählungen aus der Umgebung und schrieb sie auf. Sein Bruder Anton Wilhelm war sehr musikalisch. Aus seiner Feder stammt eines der bekanntesten deutschen

Binnersterhof

Paul wird allmählich ungeduldig: „Wann kommen wir endlich zu den Rittern?" Opa vertröstet ihn noch ein wenig: „Da vorn, wo die Straße den Berg hinaufführt, kannst du schon einen kleinen Turm sehen." Auf dem Weg zum Rittersitz werfen sie noch einen Blick nach rechts auf das Haus Nazareth, das große Kinderheim von Leverkusen. Dann stehen sie vor einem alten Gebäude an der Ecke Bergische Landstraße und Odenthaler Straße. Paul ist enttäuscht: „Das ist doch keine Ritterburg. Es sieht aus wie ein Bauernhof." Opa erzählt ihnen,

dass der „Binnerster Hof" oder „Junkershof" vor ungefähr achthundert Jahren den Rittern „von Slebusz" gehörte. Sie rodeten die Schlehenbüsche, um eine Wasserburg mit festen Mauern bauen zu lassen. Der Wassergraben wurde vom Lötzelbach gespeist, der heute in einen unterirdischen Kanal fließt. Auf dem Hofgelände ist der alte Zugang über den Wassergraben noch zu sehen. Es kann sein, dass es dort früher einmal eine richtige Zugbrücke gab! Die Ritter von Schlebusch waren angesehene Gefolgsleute der Grafen von

Berg. Die lebten auf einer Burg, wie wir sie von Ritterspielen kennen, auf Schloss Burg an der Wupper. Die Rittersitze hier bei uns waren aber viel kleiner als Schloss Burg."

„Da ist ein Wappen an der Tür!" Paul hat es entdeckt. „Das haben die Ritter von Schlebusch früher sicher auf dem Schild geführt", vermutet er. „Nein, das ist das Wappen von Ignaz Felix von Roll. Der lebte seit 1761 auf Morsbroich und verwaltete den Besitz für den Deutschen Orden. Zu diesem Besitz gehörte auch der Binnerster Hof mit vielen Feldern und Wäldern. Ignaz Felix von Roll hat das alte Haus abreißen und das Gebäude, das heute hier steht, neu bauen lassen. Und um zu zeigen, wem das alles gehört, hat er sein Wappen an dem Haus angebracht. Wenn ihr genau hinseht, könnt ihr auf dem Wappen zwei Kreuze erkennen. Die sind das Zeichen für den Deutschen Orden. Noch neuer ist der Turm, der ist erst ungefähr hundert Jahre alt. Könnt ihr euch vorstellen, wozu der gedacht war?" „Keine Ahnung", sagt Paul. „Vielleicht konnte man darauf steigen, um die Umgebung zu bewachen?", schlägt Paula vor. „Nein, es ist viel einfacher", erklärt der Großvater. „Der Turm war ein Taubenschlag, das war damals modern."

Opa: „Jetzt müssen wir aber noch ein gutes Stück zu Fuß gehen, dern Berg hinauf Richtung Burcheid"

Ein paar hundert Meter geht es steil bergauf, dann hält Opa vor der Gaststätte „Haus Heckenberg". „Warum bleibst du hier stehen?", wundert sich Paula. „Dies war früher schon ein Wirtshaus", erzählt er. „Hier

Das Wappen des Deutschen Ordens am Binnersterhof

wechselten die Fuhrleute ihre Pferde. Häufig spannten sie an dieser Station aber auch vier oder mehr Pferde an. Nur zwei allein schafften es oft nicht, die schwer beladenen Fuhrwerke die steilen Hügel ins Bergische Land hinauf zu ziehen." Paula kichert: „Wahrscheinlich konnten die Kutscher auch schnell noch ein Bierchen im Wirtshaus trinken." „Sicher war es so",

meint Opa und schmunzelt. „Aber beliebter war der ‚Bergische Korn' bei den Fuhrleuten. Heute ist Alkohol am Steuer zum Glück nicht mehr erlaubt."

Paul hört nicht zu, er denkt an den nächsten Schultag. Seine Mitschüler werden sicher staunen, wenn er erzählt, dass es in Schlebusch Ritter gab!

Manfort

Von der Heide zum Stadtteil

Von der Heide zum Stadtteil

Bahnstrecke mitten durch die Heide gebaut. Den Bahnhof errichtete man ungefähr auf der Grenze zwischen Wiesdorf und Schlebusch. Bei der Suche nach einem Namen setzten sich die Schlebuscher Gemeindeväter durch. Seither gibt es den Bahnhof Schlebusch in Manfort."

Die drei schultern ihre Rucksäcke und gehen los. „Was haltet ihr davon", fragt Onkel Jens, „wenn wir uns auf dem Weg zum Schwimmbad Manfort von oben aus ansehen?" Paul und Paula sind neugierig. „Wo ist das möglich?", fragt Paul. Onkel Jens zeigt zur Kirche an der Gustav-Heinemann-Straße.

Alter Bahnhof Schlebusch

Paul und Paula wollen zusammen mit Pauls Onkel Jens ins Spaßbad „CaLevornia" gehen. „Wartet auf mich vor dem Bahnhof Schlebusch", sagt er zu Paul am Telefon. Als sie aus dem Bus steigen, fällt Paula etwas auf. „Wieso heißt es Bahnhof Schlebusch? Ich denke, wir sind hier in Manfort?" „Ja, wirklich merkwürdig", findet auch Paul. Da kommt Onkel Jens! Gleich nach der Begrüßung fragen sie ihn. „Das ist wirklich ein Kuriosum", lacht der Onkel. „Wo heute der Stadtteil Manfort liegt, erstreckte sich früher die Wiesdorfer Heide. Vor über hundert Jahren wurde die

Blick auf die Gustav-Heineman-Straße

„Dort. Von St. Joseph", sagt er. Schnell gehen sie hinüber und erklimmen die Treppen des fünfzig Meter hohen Kirchturms. „Was für ein toller Ausblick", schwärmt Paula. Jetzt möchten sie aber auch wissen, was sie alles sehen.

Onkel Jens erklärt es ihnen. „Von hier oben könnt ihr gut erkennen, wie verkehrsgünstig Manfort in der Mitte von Leverkusen liegt", sagt er. Sie sehen das Autobahnkreuz. Die Autobahnen teilen den Stadtteil von Nord nach Süd und von Ost nach West. Zusätzlich durchschneiden ihn zwei Bahnlinien.

„Wie ist Manfort entstanden?", will Paul wissen. Onkel Jens zeigt nach Südwesten auf die andere Seite der Autobahn. „Der kleine See dort erinnert an einen längst verschwundenen Rheinarm. An der Stelle konnte der Fluss an einer Furt durchquert werden", erzählt der Onkel. „Und daneben stand ein Hof, der Manforter Hof. Er gilt als Ursprung des Ortes und gab ihm vermutlich seinen Namen.

**Jugendtreff
Lindenhof**

Es gibt auch eine Sage um ein verschwundenes Männlein, die ‚Manfort' von ‚Mann' und ‚fort' ableitet."

„Was ist das für ein Haus neben dem Teich?", will Paul wissen. „Der Lindenhof", sagt Onkel Jens. „Das war früher ein sehr bekanntes Tanz- und Vergnügungslokal. Nicht nur die Manforter feierten hier gern. Heute ist es ein beliebter Jugendtreff."

Sie blicken von der anderen Seite des Turmes hinunter.

Hinter einer Kurve der Dhünn erkennen sie den verfallenen Hemmelrather Hof. „Das ist die älteste überlieferte Ansiedlung in Manfort", sagt Onkel Jens. „Im Mittelalter, um 1050 herum, wurde der Hof zum ersten Mal erwähnt. Die alten Mauern stehen heute unter Denkmalschutz. Das Land zwischen Wiesdorf und Schlebusch war karg und wenig fruchtbar. Es bestand hauptsächlich aus Sand und Kies. Deshalb blieb die Besiedlung viele Jahrhunderte lang dünn. Es gab keinen Ortskern, keine Kirche, kein Rathaus."

42

„Wann ist Manfort gewachsen?", fragt Paul. „Erst als im 19. Jahrhundert die Eisenbahn kam", antwortet Onkel Jens. „Die privaten Eisenbahngesellschaften suchten für ihre Strecken wenig besiedeltes Land. Da bot sich Manfort an. 1867 baute die Bergisch-Märkische-Eisenbahn die Strecke von Köln über Opladen nach Wuppertal durch die Wiesdorfer Heide. Fünf Jahre später errichtete die Rheinische Eisenbahngesellschaft parallel dazu eine Strecke mit der

Bahnstation Morsbroich. Dort fahren heute nur noch Güterzüge."

„Und wie ging es dann weiter?", will Paula wissen. „Das Heideland war sehr preiswert", fährt Onkel Jens fort. „Nachdem Manfort ins Eisenbahnnetz eingebunden war, wurde die Gegend für die Industriepioniere interessant. Die ersten Fabriken waren laut und schmutzig. Die Fabrikschlote stießen Rauch und Ruß aus. Die Sprengstofffabriken brauchten Sicherheitszonen. In der Wiesdorfer Heide störten sie niemanden. Deshalb siedelten sich hier im 19. Jahrhundert bedeutende Unternehmen an."

Hemmelrather Hof

Onkel Jens zeigt auf die große weite Fläche rechts von den Bahngleisen Richtung Norden. Paul und Paula sehen Erdhügel und Baggerlöcher, Baustellen mit Kränen, Gerüsten und Maschinen, dazwischen aber auch bereits fertig gestellte Büro- und Gewerbebauten.

abgerissen. Nur eine alte Backsteinhalle und einige Bürogebäude blieben stehen. Jetzt sollen hier im Innovationspark viele neue Arbeitsplätze entstehen."
„Welche Firmen gab es noch?", will Paula wissen. „Bereits 1871 nahm die Dynamitfabrik Schlebusch in Manfort ihre Produktion auf. Sie wurde später von der Firma Dynamit Nobel übernommen. 1880 wurden die Chemischen Werke Gäbler an der jetzigen Stixches-

Firmenzeichen der Firma Theodor Wuppermann

„Hier begann die Industrialisierung Manforts", sagt Onkel Jens. „1872 siedelte sich das Walzwerk Heidrich an. Theodor Wuppermann übernahm den Betrieb wenige Jahre später. Er führte ihn zu einem weltweit anerkannten Stahlunternehmen. Hier haben einmal mehr als zweitausend Menschen gearbeitet. Das Wuppermann-Werk wurde 1986 geschlossen und später straße gegründet. 1911 verlegte der Ingenieur Hugo Eulenberg seine Maschinenfabrik von Mülheim nach Manfort. Das ist die ‚Eumuco'. Im Umkreis des Schlebuscher Bahnhofes gab es noch mehrere Sand- und Kiesgruben und Ziegeleien, die Baumaterial für die Fabrikhallen und Werkstätten lieferten."

„Und wo wohnten die Menschen, die in den neuen Fabriken arbeiteten?", fragt Paul. „Für die wurden Wohnhäuser gebaut, Straßen angelegt, Geschäfte und Handwerksbetriebe gegründet", antwortet der Onkel. „So wuchs die Bevölkerung von Manfort. Was noch fehlte, war eine Kirche. Lange mussten die Manforter Katholiken zum Gottesdienst nach Wiesdorf gehen. Im Jahr 1913 wurde die katholische Kirche St. Joseph geweiht. Der heilige Joseph ist der Schutzpatron der Arbeit. Der Name verweist auf die vielen Ingenieure, Fabrikarbeiter und Handwerker, die in Manfort Beschäftigung und ihren Lebensmittelpunkt gefunden hatten. 1954 dann wurde die evangelische Johannes-

St. Joseph-Kirche

kirche an der Scharnhorststraße fertig gestellt." „Hat denn Manfort keine eigene Schule?", fragt Paula. „Doch", sagt Onkel Jens. „Schon 1824 wurde auf dem Hemmelrather Hof die erste Schule eingerichtet." Während sie die vielen Stufen vom Kirchturm wieder hinabsteigen, berichtet Onkel Jens noch, dass zur Zeit „Am Hornpottweg" ein weiteres Zentrum für Handwerksbetriebe entsteht. „Weil Manfort so günstig liegt, zieht es noch heute Unternehmen an. In die vielen Supermärkte strömen täglich zahlreiche Kauflustige aus Leverkusen und Umgebung."

Über den Konrad-Adenauer-Platz und die Bismarckstraße gehen Paul, Paula und Onkel Jens jetzt zum Freizeitbad „CaLevornia". Gleich werden sie sich auf der hundert Meter langen Rutsche ins Badevergnügen stürzen.

Nach dem Schwimmen begleitet Onkel Jens die Kinder zum Konrad-Adenauer-Platz. Von dort fahren Paul und Paula mit dem Bus zurück nach Alkenrath.

Wiesdorf

Einkaufen in der Stadtmitte

Das alte Wiesdorf

Einkaufen in der Stadtmitte

„Paula", sagt die Mutter beim Frühstück, „wir müssen dringend neue Turnschuhe für dich kaufen. Heute Nachmittag fahren wir nach Wiesdorf." Paula ruft Paul an und überredet ihn zum Mitkommen. Zu zweit wird es bestimmt lustiger.

Vom Busbahnhof zum Rathausvorplatz

In Wiesdorf am Busbahnhof geht es lebhaft zu. Zusammen mit Paul, Paula und ihrer Mutter steigen viele andere Fahrgäste aus dem Bus. Nebenan, am Bahnhof „Leverkusen-Mitte", hält gerade eine S-Bahn aus Köln. Vor dem Bahnhofsgebäude herrscht ein reges Kommen und Gehen. Plötzlich spricht eine ältere Dame Paulas Mutter an: „Entschuldigen Sie bitte, aber wo bin ich hier?", fragt sie und wirkt dabei recht hilflos. „Am Wiesdorfer Busbahnhof", antwortet die Mutter freundlich. „Nein, wo bin ich hier genau? Ich war vor vierzig Jahren zuletzt hier und alles wirkt so fremd. Ich will eine alte Schulfreundin in der Breidenbachstraße besuchen."

Die Mutter nickt verständnisvoll und beginnt bereitwillig zu erklären: „Schauen Sie, hier links das Gebäude mit dem hohen Sendemast ist die Hauptpost. Geradezu blicken Sie auf die Stadtautobahn, den Europaring. Dort fängt die ‚alte City' an. Hier wurde vor etwa

fünfunddreißig Jahren das erste
Einkaufszentrum in Wiesdorf
gebaut. Heute heißt dieser Teil
der Stadtmitte ‚City-Center'."

Die alte Dame schaut sich
erstaunt um. „Das große Gebäude dort ist unser Rathaus.
Mit der Schieferverkleidung
und den grünen Balkons soll es
an bergisches Fachwerk erinnern", fährt die Mutter fort.
„Dahinter liegt die neue City.
Rechts sieht man noch etwas
vom Stadthaus und
der Stadt-

bibliothek. Und wenn Sie hier
vom Bahnhof aus nach rechts
gehen, kommen Sie zu unserem
Kulturzentrum, dem Forum.
Dort finden viele Musik- und
Theaterveranstaltungen statt.
In dem Gebäude ist auch die
Volkshochschule unterge-
bracht."

Kopfschüttelnd sagt die alte
Dame: „Das Stadthaus kenne
ich. Aber als ich hier wegzog,
gab es die anderen Gebäude
noch nicht. Mir fehlt noch die
Orientierung." Paulas Mutter
überlegt nicht lange. Sie nimmt
den kleinen braunen Leder-
koffer der Dame auf und sagt:
„Wir werden Sie bis zur Breidenbachstraße begleiten."

**Forum –
das Kultur-
zentrum von
Leverkusen**

Christus-Kirche

Gemeinsam marschieren sie los. Über den „Rialto-Boulevard", eine überdachte Fußgänger-brücke, gehen sie auf den „City-Point" zu. Vor ihnen taucht die Turmspitze einer großen roten Backsteinkirche auf. Sie wirkt etwas verloren inmitten der neuen Geschäfts-häuser und Verwaltungs-gebäude. „Die evangelische Christus-Kirche!", ruft die alte Dame erleichtert. „Jetzt weiß ich, wo wir sind."

Rialto-Boulevard

Sie dreht sich um. „Hier vor der Kirche führte eine breite Straße entlang, die alte Kölner Straße." „Warum hieß sie denn Kölner Straße?" fragt Paul neugierig. „Weil diese Straße in Richtung Süden bis nach Köln führte. Im Norden erreichte man Düssel-dorf. Deshalb hieß sie auf der anderen Seite des Rathauses auch Düsseldorfer Straße", sagt die Dame. Sie zeigt nach links. „Hier geradezu stand das schö-ne alte Rathaus, in dem Stadt-verwaltung und Polizei unter-gebracht waren." Dann schaut sie die Mutter nachdenklich an und fährt fort: „Es hat sich viel verändert, seit ich fortgezogen bin. Existiert denn die Doktors-burg noch?" „Ja", antwortet die Mutter. „Sie steht hinter der Bahnstrecke am Rande des Stadtparks." „Am Stadtpark gibt es eine Burg, die einem Doktor gehört?", fragt Paula erstaunt. „Vor ungefähr vierhundertvier-zig Jahren kaufte der Kölner Doktor der Rechte, Jakob Omphal, dort ein Gebäude, das vor etwa dreihundertzwanzig Jahren vom Deutschen Orden abgerissen wurde. Der neu errichtete Bau wird aber im Volksmund noch immer

,Doktorsburg' genannt. Heute ist dort eine Altentagesstätte untergebracht", erklärt die Mutter.

In der Fußgängerzone

Sie wenden sich in Richtung Bayer-Kaufhaus. „Hier war die Hauptstraße", meint die alte Dame. „Jetzt befindet sich hier eine Fußgängerzone mit vielen Geschäften", erklärt ihr Paul. „Als ich noch in Wiesdorf wohnte", sagt die Frau, „standen auf der rechten Seite die hübschen Häuschen der Arbeiterkolonie der Farben-fabriken mit ihren prächtigen Gärten. Auf der linken Straßen-seite waren die Läden. Die Autos fuhren bis herunter zum Rhein."

Gemeinsam schlendern sie durch die Fußgängerzone und die Einkaufspassagen. Paul und Paula müssen aufpassen, dass sie von niemandem angerem-

Blick in die Luminaden

pelt werden. Paula sagt zu der Dame: „Meine Mutter hat er-zählt, dass es in der City früher immer sehr kalt und windig war. Wenn es regnete, machte es keinen Spaß, hier entlang zu bummeln. Deshalb sind viele Geschäfte überdacht worden." „Das Dach hier erinnert mich an ein Schiff aus Glas", ergänzt Paul. Sie lesen den Schriftzug „Luminaden".

Am Ende der Fußgängerzone erinnert sich die alte Dame: „Das ist die katholische Herz-Jesu-Kirche. Und rechts gelang-te man durch die Nobelstraße zum Erholungshaus mit seinem schönen Park. Die Farben-fabriken Bayer haben es zu

Doktorsburg

Beginn des 20. Jahrhunderts eröffnet. Hier sollten die Angestellten ihre Freizeit genießen. Ich habe als junges Mädchen mit meiner Mutter im Erholungshaus oft Konzerte gehört und Theaterstücke gesehen." „Das Erholungshaus gibt es noch", antwortet Paula. „Wir waren mit der Schulklasse vor einigen Monaten im Kindertheater."

„Hier links ist die Breidenbach-straße", sagt die alte Dame und bedankt sich freundlich bei ihren Begleitern. Dann nimmt sie ihren Koffer und sagt: „Auf Wiedersehen".

Die Mutter geht mit den Kindern zurück in die Fuß-gängerzone. Schon bald haben sie die passenden Turnschuhe für Paula gefunden. Mit einem gemeinsamen Eisessen endet der Nachmittag in der Stadtmitte.

Erholungs-haus, Kultur-zentrum der Bayer AG

Das alte Wiesdorf

Möchtest Du mich nach Wiesdorf begleiten?", fragt die Mutter Paula nach der Schule. „Ich will Onkel Heinz im St.-Josef-Krankenhaus besuchen." Paulas Onkel hat sich bei einem Fußballspiel den Fuß verletzt.

Ein Spaziergang durch die untere Hauptstraße

In der Wiesdorfer Stadtmitte kennt sich Paula inzwischen gut aus. Sie geht mit ihrer Mutter bis zum Ende der Fußgängerzone. „Wir müssen durch die untere Hauptstraße", sagt die Mutter zu Paula.

Als sie die Fußgängerzone verlassen, merkt Paula, dass es in der Hauptstraße viel ruhiger ist als in der City. Die Häuser sind kleiner. Sie bewundert die mit Erkern, Giebeln und Ornamenten geschmückten alten Fassaden. Sie sehen ein altes Schulgebäude. „Hier war früher eine katholische Mädchenschule untergebracht", erklärt die Mutter. „Heute gibt es in diesem Gebäude zwei Grundschulen." Ein Stück weiter zeigt sie nach links, wo das Bayer-Werk mit seinen hohen Schornsteinen in Sicht kommt:

Wiesdorfer Arkaden

„Das Unternehmen besteht schon über hundert Jahre. Ihm haben wir es zu verdanken, dass heute so viele Menschen in Leverkusen leben und arbeiten. Das Werk dehnte sich immer weiter aus. Deshalb mussten viele alte Wohn- und Geschäftshäuser hier in der Gegend abgerissen werden." Paula liest: „Elberfelder Haus", „Wiesdorfer Arkaden", „Wiesdorfer Eck" und schließlich „Wiesdorfer Treff". „In diesem Gebäude finden viele Kunst- und Kulturveranstaltungen statt", sagt die Mutter. „Und warum steht dort über dem Häuschen mit den goldenen Verzierungen ‚topos'?", fragt Paula. „Das ist eine ganz alte Kneipe, in der Jazz-Musik gespielt wird", antwortet die Mutter mit einem Lächeln.

„Hier habe ich Papa kennen gelernt." „Das wusste ich ja gar nicht!", ruft Paula erstaunt. „Na, ja", sagt die Mutter etwas verlegen, „ich habe auch meine kleinen Geheimnisse." „Was ist das hier rechts für ein Gebäude?", fragt Paula. „Das ist das St.-Josef-Krankenhaus", antwortet die Mutter. Als sie die richtige Station gefunden haben, kommt ihnen Onkel Heinz schon lachend entgegengehumpelt. „Und", fragt ihn die Mutter, „hörst du jetzt mit dem Fußballspielen auf?" Onkel Heinz kratzt sich etwas verlegen am Hinterkopf. „Ich denke nicht. Dafür spiele ich zu gerne."

Wiesdorf, Bayer und der Rhein

Nachdem sie das Krankenhaus verlassen haben, sagt die Mutter zu Paula: „Wenn wir schon hier in der Gegend sind, zeige ich dir das alte Wiesdorf." Sie kommen zu einer Kirche. „Das ist St. Antonius, die älteste Kirche von Wiesdorf", erklärt die Mutter. „Sie steht ungefähr in der Mitte des ursprünglichen Ortes. Die Häuschen hier geben dir eine Vorstellung vom alten Wiesdorf." Bald darauf stehen sie vor einer Bronzeplastik: Eine Bauersfrau mit Kopftuch und Schürze hält eine Kuh am Strick. „Das ist das Paulinchen-Denkmal. Es soll an Paulinchen Pohnke erinnern, die hier durch die Dorfstraße ihre Kühe bis zu den Rheinauen führte", sagt die Mutter.

Sie gehen weiter bis hinunter zum Ufer des Rheins, schauen den Schleppkähnen nach und lassen sich den Wind um die

Blick in die untere Hauptstraße

Nase wehen. Die Mutter erzählt: „Früher drangen bei Hochwasser die Fluten bis zur Mitte der Hauptstraße. Sie setzten die Häuser und Keller unter Wasser. Später wurde ein Deich gebaut. Heute ist Wiesdorf vor Hochwasser geschützt." Rechts blicken sie auf einen Teil des Bayer-Werkes. In seiner ganzen Ausdehnung ist es ein Stadtteil für sich. Dahinter ragt das Bayer-Hochhaus auf, das in der Nähe des „Japanischen Gartens" steht. Auf einem Schild vor einem Eingangstor lesen sie „Chemiepark". „An einen Park erinnert mich das aber nicht", sagt Paula. Aus den Fabrikanlagen steigen weißer Rauch und Wasserdampf auf. Es sieht sehr beeindruckend und fremdartig aus.

„Früher gab es hier eine Anlegestelle für Schiffe und auch eine Fähre, mit der man auf die andere Rheinseite übersetzen konnte", sagt die Mutter und weist über den Fluss. „Dort drüben liegt Merkenich, ein Kölner Stadtteil. Als die große Rheinbrücke gebaut wurde, stellte man den Fährbetrieb ein." Sie dreht sich um und zeigt auf eine große Fläche. „Dort an der früheren Rheinallee standen einmal acht Hochhäuser, die nach dem Zweiten Weltkrieg gebaut wurden. Sie mussten abgerissen werden, als in der Nähe Chemieabfälle im Boden gefunden wurden. Hier wurden nämlich lange Zeit giftige Abfälle entsorgt. Das Gelände wurde mit mehreren Schichten Erde und Folien abgedichtet, damit der Giftmüll nicht mehr an die Oberfläche dringen kann.

Denkmal von „Paulinchen"

Teehaus im Japanischen Garten

Gelände
der Landes-
gartenschau
2005; im
Hintergrund
der Chemie-
park

Zusätzlich baute man eine dicke Betonsperrmauer um das Gebiet herum. Jetzt ist es das Gelände der Landesgartenschau."

Woher stammt der Name „Leverkusen"?

Allmählich wird es kühler. Die beiden Spaziergängerinnen machen sich auf den Rückweg. Durch die Adolfsstraße kommen sie in die Carl-Leverkus-Straße mit ihren hohen schönen Fassaden. Der Straßenname lässt Paula stutzen. Sie

fragt: „Carl Leverkus? Wer war denn das? Hatte er etwas mit Leverkusen zu tun?" Die Mutter lächelt und sagt: „Da vermutest du ganz richtig. Doktor Carl Leverkus war ein Apotheker aus Wermelskirchen im Bergischen Land. Er stellte auf chemischem Wege ein tiefblaues Pulver her, das Ultramarin genannt wird. Bis dahin gewann man dieses Pulver aus einem seltenen, kostbaren Stein, dem ‚Lapis Lazuli'. Das Blau wurde zum Färben von Gewändern und in der Malerei benutzt. Carl Leverkus baute in Wermelskirchen eine Ultramarin-Fabrik, die bald zu klein wurde. Einen verkehrsgünstigen neuen Standort fand er auf

dem Karlberg zwischen Flittard und Wiesdorf. Hier gab es den Rhein als Verkehrsweg und auch schon eine Eisenbahnlinie." „Aber wieso heißt unsere Stadt denn heute Leverkusen?", will Paula wissen. „Als Carl Leverkus 1860 auf dem Karlberg seine Fabrik und die Wohnhäuser für seine Familie und seine Arbeiter erbauen ließ, war der Ort Wiesdorf in der Geschäftswelt unbekannt. Bekannter war die nächstgelegene Stadt: Mülheim, heute ein Teil von Köln. So gab der selbstbewusste Carl Leverkus als Adresse für seine Fabrik und seine Wohnhäuser an: ‚Ultramarin-Fabrik Carl Leverkus

in Leverkusen bei Mülheim am Rhein'. Der Name ‚Leverkusen' stammt von dem ursprünglichen Wohnsitz seiner Familie im Bergischen Land.

1891 begann auch die Firma Bayer hier mit dem Bau einer Fabrik. Es wurde die damals größte und modernste Chemiefabrik der Welt. Der Mann, der sie geplant hatte, hieß Carl Duisberg, die Firma ‚Farbenfabriken, vormals Friedrich Bayer

**Carl
Leverkus**

Bescheid: „Die Farbenfabriken haben in der ‚Kolonie Anna' ab 1900 Häuser für ihre Arbeiter bauen lassen, damit sie in Wiesdorf blieben. Für die vielen tausend Menschen, die damals hier Beschäftigung fanden, gab es nämlich nicht genug Wohnungen. Jedes Haus hatte einen eigenen Garten. In der Siedlung wurden auch kleine Grünflächen angelegt und Brunnen aufgestellt. Deshalb erscheint die Kolonie wie eine eigene kleine Stadt."

& Co." Auch sie übernahm die Ortsbezeichnung ‚Leverkusen'. Als sich 1930 Wiesdorf mit Rheindorf, Schlebusch und Steinbüchel zusammenschloss, erhielt die neue Stadt den Namen Leverkusen." Auch als 1975 Opladen, Bergisch Neukirchen und Hitdorf hinzu kamen, blieb es bei diesem Namen. „So war das also", staunt Paula.

Durch die Dhünnstraße gehen Paula und ihre Mutter zurück in die City. Unterwegs werfen sie einen Blick auf das Ramada-Hotel, das Forum und das moderne Kinopolis. Auf dem Weg zurück zum Busbahnhof besichtigen sie noch die Büste von Carl Leverkus vor dem Rathaus.

Ein Gang durch die Arbeitersiedlung der Farbenfabriken

Vom Kreisverkehr an der Nobelstraße aus unternehmen sie noch einen kurzen Abstecher zur Kolonie, einer Arbeitersiedlung zwischen Erholungshaus und Kaiserplatz. Die Mutter weiß auch hier

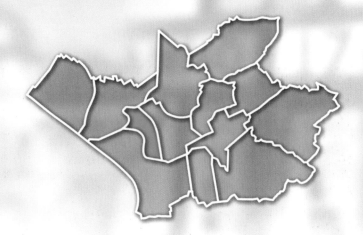

Bürrig

Auf zum Festumzug nach Bürrig

Auf zum Festumzug nach Bürrig

**Pfarrkirche
St. Stephanus**

Am letzten Sonntag im August wollen Paul und Paula den großen Festumzug in Bürrig ansehen. Pauls Vater fährt mit den Kindern bis zur Pfarrkirche St. Stephanus. Von der Treppe aus können sie das Geschehen gut überblicken. Sie stehen direkt vor dem alten, romanischen Kirchturm. Der Umzug hat noch nicht begonnen. „Wie alt mag der Kirchturm wohl sein?", überlegt Paula. Pauls Vater weiß es: „Eine Kirche gab es hier schon vor mehr als tausend Jahren." Er weist die Kinder auf eine hohe Säule neben der Kirche hin. „Schau mal Paula", sagt

Paul, „die vielen Namen von Bürriger Vereinen. Was bedeuten die Jahreszahlen 1147–1997?" Auch das weiß der Vater: „Die Säule wurde 1997 aufgestellt. Sie erinnert daran, dass St. Stephanus vor achthundertfünfzig Jahren, also 1147, zuerst in einer Urkunde erwähnt wurde." Dann beginnt der Umzug. Paul und Paula beobachten begeistert das bunte Treiben. Alle Vereine, Organisationen und Sportgruppen und viele Bürriger Bürger sind daran beteiligt.

Nach dem Festumzug schlendern die drei noch ein wenig durch Bürrig. Auf der anderen Seite der Kirche entdecken sie ein großes Denkmal aus Bronze: Ein Soldat hält ein Mädchen im Arm. „Kennst du die Geschichte dazu?", will Paula wissen. „Das ist der ‚Treue Husar'", erzählt der Vater. „Das Denkmal

Der treue Husar

1. Es war einmal
ein treuer Husar,
der liebt' sein Mädchen
ein ganzes Jahr,
|: Ein ganzes Jahr
und noch viel mehr,
die Liebe nahm
kein Ende mehr. :|

2. Der Knab' der fuhr
ins fremde Land,
derweil ward ihm
sein Mädchen krank,
|: Sie ward so krank
bis auf den Tod,
drei Tag, drei Nacht
sprach sie kein Wort. :|

3. Und als der Knab'
die Botschaft kriegt,
dass sein Herzlieb
am Sterben liegt,
|: Verließ er gleich
sein Hab und Gut,
wollt seh'n, was sein
Herzliebchen tut. :|

4. Ach Mutter bring'
geschwind ein Licht,
mein Liebchen stirbt,
ich seh' es nicht,
|: das war fürwahr
ein treuer Husar,
der liebt' sein Mädchen
ein ganzes Jahr. :|

erinnert an das weltbekannte Karnevalslied ‚Es war einmal ein treuer Husar'. Der ehemalige Schlossbesitzer von Reuschenberg, Freiherr von Mylius, hat das Lied wahrscheinlich 1781 aus dem Krieg mitgebracht." „Ein Schloss gibt es hier auch?", fragt Paul neugierig. „Schloss Reuschenberg", antwortet der Vater, „wurde leider schon 1968 abgerissen. Kommt mit, ich zeige euch, wo es gestanden hat." Sie gehen an der Heinrich-Lützenkirchen-Sportanlage des „TuS 1887 Roland Bürrig e.V." vorbei, dem ältesten Sportverein des Ortes. Über die kleinen Straßen An der Kante und Alter Garten errei-chen sie den Ortsausgang. „Schau' mal", sagt Paula plötzlich zu Paul. Sie zeigt auf ein steinernes Wegekreuz im Garten der Familie Odenthal. Es trägt die Jahreszahl 1699 und erinnert an die Geschichte des Schlosses und der Mühle zu Reuschenberg. Ein altes Fabrikgebäude weckt ihre Aufmerksam-keit. Pauls Vater weiß auch hierüber Interessantes zu berichten: „Das ist eine

Wegekreuz
im Garten
der Familie
Odenthal

Der
„Treue Husar"

**Reuschen-
berger Mühle**

Wassermühle! Eine Mühle wurde hier schon 1477 urkundlich erwähnt. 1840 ließ der Freiherr von Fürstenberg-Stammheim ein neues Stauwehr und einen neuen Mühlengraben erbauen. Wenige Jahre später wurde auch dieses damals sehr moderne Mühlengebäude neu errichtet.

Heute ist die Anlage als Industriedenkmal geschützt. Sie wird von kleinen Gewerbebetrieben und Verwaltungseinrichtungen genutzt. Die wassergetriebenen Turbinen erzeugen Strom, der in das Netz der RWE, der Rheinisch-Westfälischen-Energieerzeugung, eingespeist wird."

Die Entdeckungsreise geht weiter. Hinter der Eisenbahnunterführung stehen sie vor einem wunderschönen Reiterhof. Der Besitzer, Paul Eigen, zeigt ihnen das große Anwesen und auch die Stelle, wo Schloss Reuschenberg gestanden hat.

Er kennt sich gut aus in der Geschichte des Ortes. „Adlige legten zum Schutz des Herrschaftsgebietes der Grafen von Berg auch in Bürrig einen Rittersitz an. Sie nannten die Anlage ‚Reuschenberg.'" Paul und Paula hören staunend zu. „Wann wurde die Burg gebaut?", fragt Paula. „Sie stammt aus dem Mittelalter. Seit dem 13. Jahrhundert ist sie bekannt. Doch Brände und Kriege haben die Anlage immer wieder zerstört. Und nach jedem Wiederaufbau sah sie etwas anders aus. 1886 wurde die Burg zum letzten Mal

wieder errichtet. 1968 hat man sie ganz abgerissen. Nur ein Bodendenkmal blieb übrig." Herr Eigen zeigt seinen Besuchern noch die Gedenksäule, die der Heimatverein „Fidelio Leverkusen-Bürrig e.V." im Jahr 2002 gestiftet hat. Eine Tafel gibt einen Überblick über die Geschichte von Burg, Rittersitz und Schloss Reuschenberg.

Schloss Reuschenberg

park Reuschenberg'! Was es dort wohl zu sehen gibt?" „Seltene Tiere hier aus der Gegend", entgegnet Paul, der den Wildpark kennt. „Du kannst zum Beispiel Luchse, Wildkatzen und Fischotter beobachten. Es macht Spaß, die Ziegen und Ponys zu streicheln." Auf der anderen Seite des Zoos liegt der Waldfriedhof. „Er sieht aus wie ein großer Park", flüstert Paula, die Friedhöfe ein wenig unheimlich findet.

Paul und Paula verabschieden sich von Herrn Eigen. Paula ruft plötzlich: „Schau mal Paul, da steht ein Hinweisschild ‚Wild-

„Das stimmt", sagt Paul, „lasst uns schnell nach Hause fahren."

Wildpark
Reuschenberg

Küppersteg

**Aus Teilen von Bürrig
entstand Küppersteg**

Am Sonntag besuchen Paul und Paula den Onkel von Paula. Sie fahren mit dem Bus bis Wiesdorf und von dort nach Küppersteg. Der Onkel freut sich, seine Nichte und deren Freund zu sehen. „Setzt euch zu mir auf die Terrasse", fordert er die beiden auf. Die Tante bringt Apfelsaft und Kuchen. Paul und Paula erzählen, was sie am vergangenen Wochenende in Bürrig erlebt und erfahren haben. „Kannst du uns etwas über die Geschichte Küppersteg erzählen?", bittet Paula den Onkel. „Das will ich sehr gerne machen", antwortet er und beginnt zu erzählen: „Zwischen Bürrig und Küppersteg gibt es viele Verbindungen. Das Gebiet des heutigen Küppersteg war in früheren Jahrhunderten sehr dünn besiedelt und bestand überwiegend aus Acker- und Weideland. Es gehörte zum Kirchspiel Bürrig mit den Ansiedlungen Schafstall, Neuenhof und Fixheide. Küppersteg wurde in einer Urkunde aus dem Mittelalter als ‚Stega' erwähnt. Gemeint war aber nicht der heutige Stadtteil, sondern eine Brücke über die Dhünn. Sie befand sich ungefähr da, wo heute das Forum ist." „Wie groß ist Küppersteg?", fragt Paul. „Es umfasst etwa das Gebiet zwischen der Dhünn, den beiden Eisenbahnlinien und

der Bonner Straße. Auch der Friedhof Reuschenberg gehört zum Stadtteil Küppersteg. Wirtschaftlich aufwärts ging es im 19. Jahrhundert. Die Köln-Mindener-Eisenbahngesellschaft eröffnete 1845 die Strecke zwischen Deutz und Düsseldorf als erste Eisenbahnlinie im heutigen Stadtgebiet. Als Kompromiss zwischen den Gemeinden Bürrig und Wiesdorf erhielt der erste Bahnhof die Bezeichnung ‚Küppersteg.'"

„Und wie ging es dann weiter in der Geschichte des Ortsteils?", will Paula wissen. „Bau-unternehmen und Kieswerke siedelten sich an. Dadurch veränderte sich das Gebiet sehr stark. Die Gemeinden Bürrig und Wiesdorf bildeten zunächst die Bürgermeisterei Küppersteg. 1920 schlossen sie sich zu einer Gemeinde zusammen, die ein Jahr später Stadt Wiesdorf hieß. Als immer mehr Menschen hierher zogen, wurden die Siedlungen ‚Im Neuenhof' und ‚Im Eisholz' errichtet." Paul und Paula hören gespannt zu. „Seit wann gibt es eine Kirche in Küppersteg?", fragt Paul. „Früher gingen die Leute von hier in Bürrig zur Kirche. Doch als ihr Stadtteil immer größer wurde, bildeten sie eine eigene Pfarrei und ließen 1928 die Christus-König-Kirche bauen. Nach dem Zweiten Weltkrieg

ihren Namen übrigens von einem großen Bauernhof, der schon vor mehr als achthundert Jahren hier gestanden hat. Die letzten Gebäude davon wurden 1961 abgerissen. Auf den dadurch gewonnenen freien Flächen entlang der Dhünn wurden im Laufe der letzten Jahrzehnte verschiedene Sportstätten errichtet."

In Küppersteg Neuland entdecken

Dann hat der Onkel eine Idee. „Wie wäre es", fragt er die Kinder, „wenn wir einen Spaziergang machen und ich euch Küppersteg zeige?" Paul und Paula sind einverstanden. Am S-Bahnhof beginnen sie mit ihrem Rundgang. Sie schlendern an den Geschäften in der Küppersteger Straße vorbei. Der Onkel zeigt auf das Postamt und sagt: „In diesem Gebäude saß der damalige Bürgermeister von Küppersteg." Sie überqueren den Europaring und spazieren über die Bismarckstraße Richtung Eisholz. Paul fragt erstaunt: „Was ist das für eine große Fabrik hinter dem Brauhaus Janes?" Der Onkel erzählt

Früheres Bürgermeisteramt Küppersteg

wurde wieder viel gebaut. Die evangelische Kirchengemeinde errichtete 1950 ein Gemeindezentrum. Es besteht aus dem ‚Martin-Luther-Haus' sowie einem Kindergarten und einem Altenheim. Außerdem wurden in der ‚Neuenhof-Siedlung' noch zahlreiche neue Häuser gebaut. Diese Siedlung hat ihnen, dass es sich um die Müllverbrennungsanlage handelt, die Abfälle der Stadt und des Umlandes verfeuert. Sie folgen der Bismarckstraße bis sie hinter der Autobahn-Unterführung zu den großen Sportanlagen kommen. „Hier könnt ihr erkennen, dass Leverkusen eine berühmte Sportstadt ist", sagt der Onkel. „Links seht ihr die Wilhelm-Dopatka-Halle. Die Rundsporthalle wird für verschiedene

Sportarten genutzt." Paul weiß: „Das ist die Heimat der Basketball-spieler von Bayer-Giants." „Dahinter steht die Eissporthalle. Dort kann man im Winter Eis laufen", erklärt der Onkel weiter. „Und im Sommer skaten", ergänzt Paula. Dann blicken sie nach rechts, wo die hohen Lichtmasten der Bay-

Arena empor ragen. „Hier spielt der Bundesligaverein ‚Bayer 04' Fußball", sagt Paul. „Das Stadion fasst über zwanzigtausend Zuschauer." Der Onkel erzählt den beiden von besonderen Ereignissen aus der hundertjährigen Vereinsgeschichte.

„Ihr beiden, was meint ihr, sollen wir etwas essen? Schaut mal, dort drüben ist Mc Donalds." „Prima", rufen die beiden, „wir möchten gern einen Hamburger." „Gut", sagt der Onkel, „und wenn wir viel Glück haben, dann sehen wir auch Herrn Maske!" „Herr Maske, wer ist das?", fragt Paul. Der Onkel sagt: „Henry Maske ist ein weltbekannter Boxer. Er war Weltmeister im Halbschwergewicht und sogar Olympiasieger. Ihm gehört dieses Restaurant." Nach dem Imbiss wandern sie an der Dhünn entlang bis zur Bahnlinie zwischen Köln und Düsseldorf. Am Stadtpark vorbei erreichen sie den Busbahnhof. Paul und Paula bedanken sich beim Onkel für den schönen Tag. Sie verabschieden sich von ihm und fahren mit dem Bus zurück nach Alkenrath.

70

Rheindorf

**Fahrradtour an den Rhein
mit Opa Kurt**

Fahrradtour an den Rhein mit Opa Kurt

Heute fahren Paula und Paul mit dem Fahrrad von Opladen an der Wupper entlang bis zum Rhein. Pauls Opa Kurt kommt mit. Er kennt die Strecke von früher und möchte wissen, wie es jetzt dort aussieht. Opa Kurt holt die Kinder mit dem Auto ab. Sie klemmen ihre Räder an der Halterung fest, und los geht's.

Ein Freibad im Wald

Als Startpunkt wählen sie den Kämper Weg. Die drei steigen auf die Räder und genießen es, zwischen den Häusern abwärts zu kurven. Sie durchfahren eine Unterführung und gleich darauf die nächste. Am Rauschen

über ihren Köpfen erkennen sie: Das muss die Autobahn sein. Zwischen der Wupper und der viel befahrenen Solinger Straße halten sie an. Paul und Paula blicken nach rechts, können aber die Landstraße nicht entdecken. Der Wald ist zu dicht. Pauls Großvater sagt: „Hier ganz in der Nähe war ich als Kind mit meinen Freunden im Sommer schwimmen." „Wo? Im Wald?", fragt Paula. „Ja", antwortet Opa Kurt, „da gab's das Schwimmbad im Waldwinkel. Das war ziemlich groß. Irgendwann wurde es aber geschlossen und zugeschüttet, weil von unten Schlamm und sumpfiges Wasser in das

Freibad
Waldwinkel

Becken eindrangen und der Beton nicht mehr repariert werden konnte. Wegen des fauligen Wassers gab es hier schrecklich viele Mücken und anderes Ungeziefer! Im Wiembachtal wurde damals ein neues und größeres Freibad gebaut, das zum Beispiel für die Leute aus Lützenkirchen viel besser zu erreichen war."

Der Ort, wo die Ureinwohner zu Hause waren

Dann zeigt Opa Kurt in Richtung der Solinger Straße und erzählt: „Gleich hinter der Straße liegt der Neuburger Hof. Dort findet im Frühsommer immer das Erdbeerfest statt. Um den Hof herum gibt es zwar nicht viel zu sehen, aber es ist ein wichtiger historischer Ort. Man hat dort Pfeilspitzen, Feuersteinbeile, Töpfe und allerlei Gerät gefunden. Daraus schließt man, dass in dieser Gegend schon während der Steinzeit – also vor vielen tausend Jahren – Menschen gelebt haben. Und nicht weit davon entfernt, auf dem so genannten Rosendahlsberg, gab es Gräber mit Münzen, Gläsern, Waffen und Messern. Viele dieser Gegenstände befinden sich heute in einem Bonner Museum. Von Zeit zu Zeit werden einige der Fundstücke in Ausstellungen gezeigt."

Über den Fluss in den Reuschenberger Wald

Paula, Paul und Großvater Kurt biegen nach links ab und fahren weiter in Richtung Wupper. Jetzt müssen sie den Fluss überqueren, denn auf ihrer

Wehr an der Reuschenberger Mühle

Wagen einen Wasserweg überqueren konnte, nennt man Furten", erklärt der Großvater. „Mit Booten konnte man nur übersetzen, wenn der Fluss genügend Wasser führte. Das war bei der Wupper ganz selten der Fall."

Endlich sind sie am anderen Ufer. Sie werden von lautem Hundegebell empfangen. Es kommt aus dem Tierheim. Das lassen sie aber links liegen und biegen rechts ab. Jetzt sind sie in Reuschenberg und fahren den Waldweg entlang. Er ist leicht matschig. „Wenn es viel geregnet hat, möchte ich hier aber nicht fahren", meint Paul und steuert zielsicher mit lautem Juchzen einige Pfützen an, dass es nur so spritzt. Bald haben sie die Stelle erreicht, wo rechts ein Wehr anzeigt, dass hier das Wupperwasser geteilt wird. Es entstehen zwei kleinere Flussläufe – der Mühlbach und die Wupper. Das Wehr hat man vor langer Zeit gebaut, um die Reuschenberger Mühle mit dem Wasser des Bachs zu betreiben. Die Mühle steht noch und ist heute ein Denkmal.

Seite gibt es keinen Fahrweg. Opa Kurt schimpft. Die Stufen, die auf die Brücke führen, sind sehr steil. Nur mit Mühe kann er sein Fahrrad hochheben. Ebenso steil geht's wieder abwärts. Er hilft Paula und Paul. „Wie haben eigentlich früher die Leute einen Fluss wie die Wupper überquert?", will Paula wissen. „Sie gingen durch den Fluss, wo er schmal und nicht so tief war. Diese Stellen, an denen man bei Niedrigwasser zu Fuß oder mit Pferd und

An der Wupper entlang zum Wambacher Hof

Kurz vor der Reuschenberger Mühle überqueren sie den Mühlbach. Diese Brücke ist leicht zu schaffen! Gerade als sie unter der Eisenbahnbrücke durchfahren, gibt es einen mordsmäßigen Lärm: Die S-Bahn saust über ihre Köpfe hinweg. Wieder ertönt Hundegebell. Links liegt das Gelände des Schäferhundevereins. Dort erziehet man Hunde, damit diese gehorchen und ohne Maulkorb laufen dürfen. Paula, Paul und Opa Kurt umrunden das Vereinsgelände. Vom Rad aus können die Kinder weiter unten die Wupper fließen sehen. Vor der nächsten größeren Weggabelung hält Opa Kurt an. „Hier war einmal der Wambacher Hof, von dem ich eben erzählt habe. Der Adlige, der darin gewohnt hat, war einer der ersten, der Sträucher und Bäume aus fremden Ländern angepflanzt hat. Von überall her kamen Besucher, um sich die prächtigen seltenen Hölzer anzusehen. Wenig ist davon übrig geblieben. Aber am Hohl-

weg, der zur Wupper hinab führt, stehen noch Esskastanien."

Dann erreichen sie das Ufer der Wupper. „Als schmutzigsten Fluss Deutschlands hat man die Wupper lange Zeit bezeichnet", erklärt Opa Kurt. „Heute ist sie zwar wesentlich sauberer, aber zum Baden lädt sie immer noch nicht ein."

An der Wupper mit Blick auf den „Monte Klamott"

Sie fahren weiter bis zur Brücke, die Bürrig und Rheindorf verbindet. Opa Kurt sagt: „Das ist schon die dritte Brücke zwischen den beiden Stadtteilen. Die erste wurde 1901 eingeweiht. Es gab damals ein großes Fest. Die Kinder hat-

An der Wupper in Rheindorf

„Monte Klamott"

Brücke gebaut werden."
Sie fahren weiter an der Wupper entlang. Am linken Ufer erblicken sie einen großen Berg, der wie eine Mauer aussieht. „Was ist denn das?", fragt Paul. „Das ist der ‚Monte Klamott', der Klamottenberg", antwortet sein Großvater. „Den haben die Leute so getauft, weil dort Abfall von Fabriken gelagert wird. Die richtige Bezeichnung dafür ist ‚Deponie'." Paula wundert sich: „Aber von dem Abfall ist ja gar nichts zu sehen." „Das stimmt", sagt Opa Kurt. „Den Abfall hat man mit Erde bedeckt. Anschließend wurden Sträucher gepflanzt." Vor ihnen taucht eine Schafherde auf. Paula, Paul und der Großvater steigen vom Fahrrad. Sie lassen die Tiere vorbei und sehen sich um. Auf der rechten Seite verläuft ein Deich. „Den haben die Menschen gebaut, um sich vor dem Hochwasser zu schützen",

ten schulfrei, und alle bekamen zur Feier des Tages einen Hefewecken – etwas ganz Seltenes. Der Bau der Brücke hatte viel Geld gekostet. Deshalb musste jeder Brückenzoll zahlen, der sie benutzte. Es gab ein Brückenhäuschen und einen Brückenwärter. Im Krieg zerstörten Bomben diese Brücke. Die zweite wurde nach 1945 gebaut. Als die Flüsse Dhünn und Wupper in ein neues Flussbett umgeleitet wurden, musste wieder eine neue erklärt Opa Kurt. „An Wupper und Rhein gibt es häufig Hochwasser. Die alten Rheindorfer sprachen früher vom ‚Adventsflütsjen‘ und vom ‚Fastelovendsflütsjen‘, denn meist stiegen die Flüsse mit dem Regen im November und der Schneeschmelze im Februar an."

Die heilige Aldegundis und die Burg Rheindorf

Hinter dem Deich lugt ein Kirchturm hervor. „Das ist die Kirche der heiligen Aldegundis!", sagt Pauls Großvater und zeigt nach rechts vorn auf den flachen Helm der alten Rheindorfer Kirche. Er war nicht immer flach. Vor dem Zweiten Weltkrieg hatte die Kirche einen hohen, spitzen Helm. Bomben zerstörten ihn. „Das Gotteshaus ist der heiligen Aldegundis geweiht. Der Name kommt von Adelgonde. Das heißt ‚edle Kämpferin‘. Aldegundis war eine Fürstentochter und lebte vor hunderten von Jahren. Ihre Eltern wollten sie mit einem englischen Prinzen verheiraten. Sie weigerte sich und floh. Mit dem Tod ihrer Eltern erbte

Aldegundis ein Vermögen und erbaute ein Kloster. Lange lebte sie als Einsiedlerin und im Kloster nach den Regeln des heiligen Benedikt, das heißt, sie betete viel, war wohltätig und bewies Nächstenliebe." Und weiter erzählt Opa Kurt: „Vor Jahren, als in die Kirche eine Fußbodenheizung eingebaut werden sollte, fand man einen Baumsarg. Holzteilchen davon wurden untersucht. Man stellte

St. Aldegundis-Kirche

Früheres Zollhaus in der Unterstraße

Burg Rheindorf

Die zwei Mündungen der Wupper und wie sie zu überqueren sind

Da sie weder Burg noch Kirche besichtigen können, fahren die drei Radler weiter. Pauls Großvater erklärt, dass es zwei Mündungen der Wupper gibt. Das wollen die Kinder zuerst nicht glauben. Opa Kurt sagt: „Überschwemmungen brachten den Menschen früher sehr viel Leid. Um sich zu schützen, haben sie Deiche gebaut und Flüsse umgeleitet. Der Lauf der Wupper wurde einige Male verändert, am stärksten, als die Deponie immer größer wurde. Das Flussbett wurde ein ganzes Stück weiter in Richtung Rheindorf verlegt. Die alte Wuppermündung blieb als Rheinbucht erhalten. Da fahren wir jetzt hin", sagt Opa Kurt.

fest, dass sie etwa aus dem 7. Jahrhundert stammten. Deshalb geht man davon aus, dass Rheindorf eine sehr alte Ortschaft ist. Davon zeugen auch einige Häuser rund um die Kirche, zum Beispiel das Haus am Orth. Es wird auch altes Zollhaus oder Wirtzhaus genannt. Etwa dreißig Jahre lang wohnte dort Johann Wirtz, der letzte Gemeindevorsteher von Rheindorf. Und es hat hier lange eine Burg gegeben. Sehr wahrscheinlich gehörten Kirche und Burg vor Urzeiten zusammen. Reste der Burg – das alte Wirtschaftsgebäude – befinden sich neben der Kirche auf dem Gelände der heutigen Denso-Chemie."

Sie schwingen sich in die Sättel und radeln über die Ponton-brücke und unter der Autobahn entlang in Richtung Rhein. Schließlich erreichen sie die alte Wuppermündung. „Hier ist es aber schön!", ruft Paula. „Und so ruhig." Und Paul fragt seinen Opa: „Fahren auf der Wupper eigentlich Schiffe?" „Ab und zu kann man ein paar Paddelboote oder Kanus sehen", meint der Großvater. „Ankernde Schiffe hat es hier aber immer gegeben, sogar eine Schiffs-brücke. Sie bestand zunächst aus Holzbooten. Später führte

ein Steg über drei holländische Eisenschiffe. So konnte man einfacher die andere Seite der Mündung erreichen. Für lange Zeit war dies die einzige direkte Verbindung zwischen den heu-tigen Leverkusener Stadtteilen Rheindorf und Wiesdorf. Es war aber auch der wichtigste und kürzeste Weg für die Menschen von Rheindorf zu den ehemali-gen Farbenfabriken. Zu Fuß oder mit dem Fahrrad sparten sie an dieser Stelle einige Kilometer, um zur Arbeit zu kommen." Dann fügt Opa Kurt hinzu: „Hierher sind wir schon

Am Rhein

als Kinder sonntags mit unseren Eltern spaziert. Hier habe ich meine erste Cola und mein erstes Dunkelbier getrunken. Und da drüben", er zeigt ein Stück in Richtung Norden, „ging eine Fähre über den Rhein. Sie war kleiner als die in Hitdorf, aber die Leute haben sie gern benutzt, um nach Kasselberg zu kommen. Manchmal wurden auch Fahrten auf dem Rhein bis nach Zons angeboten. Mit meinen Freunden bin ich von hier aus im Sommer oft auf die andere Rheinseite hinübergeschwommen. Ab und zu haben wir uns an vorbeifahrende Schiffe gehängt und ziehen lassen. Das war schon damals ganz schön

gefährlich. Einige meiner Narben stammen daher. Jetzt wäre es wohl überhaupt nicht mehr möglich. Die Schiffe sind zu schnell, und der Betrieb auf dem Rhein ist viel zu groß."

Paula und Paul können es kaum erwarten, flache Steine zu sammeln und auf dem Wasser des Rheins springen zu lassen. Opa Kurt bereitet das Picknick vor, das er in einem großen Korb mitgebracht hat.

Nachdem sie den Picknickkorb geleert und sich ausgeruht haben, fahren die drei Radler zum Kämper Weg zurück.

Hitdorf

**Leverkusens
„Perle am Rhein"**

Leverkusens „Perle am Rhein"

einander stehen. Die erste Schule von Hitdorf wurde schon im 18. Jahrhundert an der Hitdorfer Straße gebaut. Später zog sie um an die Lohrstraße.

Das ist die St. Stephanus-Schule. 1965 wurde die Hans-Christian-Andersen-Schule direkt daneben errichtet."

Paula: „Wohin gehen wir zuerst?"

Paul: „Zum Kirmesplatz. Vielleicht hält die Freiwillige Feuerwehr gerade eine Übung ab."

Heute fährt Pauls Vater Paul und Paula nach Hitdorf. Sie treffen sich mit Frau Hormann, die schon seit vielen Jahren dort lebt. Sie kennt manche Geschichte über diesen Stadtteil von Leverkusen.

Heimat-museum „Türmchen am Werth"

Frau Hormann: „Hallo Paula, hallo Paul. Schön, dass ihr pünktlich hier am Schul-zentrum seid."

Paul und Paula: „Guten Tag, Frau Hormann."

Paul: „Ich habe gleich eine Frage. Warum heißt es eigentlich Schulzentrum statt Schule?"

Frau Hormann: „Weil hier zwei Schulen neben-

Frau Hormann: „Da werden wir wohl heute kein Glück haben. Wisst ihr, dass die Freiwillige Feuerwehr von Hitdorf die älteste in ganz Leverkusen ist? Sie besteht schon seit über hundert Jahren."

Paula: „Ich möchte gern das Heimatmuseum von Hitdorf besuchen, das im ‚Türmchen am Werth' untergebracht ist.

Frau Hormann: „Das ist eine gute Idee. Das Türmchen war früher übrigens eine Trafostation für elektrischen Strom. Als man es nicht mehr brauchte, wurde es zu einem Heimatmuseum umgebaut."

Paul: „Ja, und es kostet keinen Eintritt."

Frau Hormann: „Man kann aber Geld spenden, damit neue Ausstellungsstücke angeschafft werden können. Da fällt mir ein, das Museum ist nur sonntags im Sommer geöffnet."

Paula: „Wollen wir nicht an den Rhein gehen, zur Hitdorfer Fähre ‚Fritz Middelanis'?"

Paul: „‚Fritz Middelanis', das ist aber ein komischer Schiffsname."

Frau Hormann: „So hieß ein Zündholz-Fabrikant aus Hitdorf. Hier gab es einige Fabriken, in denen Streichhölzer hergestellt wurden. Die Fähre verbindet Leverkusen-Hitdorf mit Köln-Langel."

Paula: „Lasst uns noch ein Stück weiter zum Spielplatz am Ufer laufen. Von der Lok ‚Persil' aus können wir die Schiffe auf dem Rhein beobachten."

Paul: „Schon wieder so ein merkwürdiger Name. Wie kann denn eine Lok ‚Persil' heißen?"

Kinder-
spielplatz
am Rhein

Frau Hormann: „Ganz einfach. Die Lok ist ein Geschenk der Firma Henkel aus Düsseldorf, die das bekannte Waschpulver ‚Persil' herstellt. Seit 1914 war die Lok als Rangierlok bei den Henkelwerken im Einsatz. Anschließend wurde die Lok von der Firma ‚Papier und Pappe' übernommen. Seit 1982 steht sie auf dem Spielplatz."

Paul: „Schau mal, hier gibt es auch Tischtennisplatten, Basketballkörbe und sogar ein Fußballtor mitten im Park."

Paula: „Dahinter kannst du die Türme von St. Stephanus erkennen. Die Kirche heißt

genau wie die Schule, an der wir uns vorhin getroffen haben."

Frau Hormann: „Der heilige Stephanus ist der Namenspatron der Kirche und der Schule. Er ist auch im alten Stadtwappen von Hitdorf abgebildet. Hier auf der Rheinstraße könnt ihr schöne Gebäude bewundern. Das Haus Nees-Caspers war früher ein richtiges Handelshaus. In Hitdorf wurden Waren aus dem Bergischen Land auf Schiffe verladen. Die Waren für das Bergische Land wurden hier von den Schiffen auf Fuhrwerke umgeladen und nach Solingen oder in andere Städte weiter transportiert. Später gehörte das Haus Nees-Caspers einem Tabakfabrikanten. Schon vor fast zweihundertfünfzig Jahren wurden in Hitdorf Tabakblätter zu Rauch- und Kautabak verarbeitet. Auch den Tabak brachten Schiffe über den Rhein hierher. An der Langenfelder Straße liegt das Haus von Johann Peter Dorff, einem anderen sehr wohlhabenden Tabakfabrikanten.

An manchen Häusern erkennt ihr genau, wie weit der Rhein bei Hochwasser gestiegen ist. Wenn eine Überschwemmung droht, müssen die Bewohner ihre Garagen und Wohnungen räumen. Ein sehr altes Haus

hier in Hitdorf ist auch das ‚Fischerhaus' an der Rheinstraße Nummer sechsundsechzig. Es wurde vor mehr als dreihundert Jahren gebaut."

Paul: „Hier liegen aber tolle Yachten."

Frau Hormann: „Dies war früher der Wirtschaftshafen von Hitdorf. Als die Eisenbahn gebaut wurde, hat er aber seine Bedeutung für den Gütertransport verloren. Heute ankern hier nur noch Sportboote. Am Wochenende kommen viele Ausflügler aus dem Bergischen Land nach Hitdorf. Sie schauen den Booten auf dem Rhein zu."

Paula: „Wofür ist denn der große Kran da?"

Yachthafen

Frau Hormann: „Mit dem großen Kran bringt man die Sportboote und Yachten zu Wasser. An dem kleinen Greiferdrehkran kann man Kaffee trinken und sich sonnen."

Paul: „Wohin führt der Weg am Yachthafen?"

St. Antonius-
Kapelle

Frau Hormann: „Man gelangt zur ‚Antoniuskapelle', einem alten Wahrzeichen von Hitdorf. Dort beginnt auch in jedem Jahr am Karnevalsfreitag der Hitdorfer Karnevalszug.
Ihr wisst ja, dass die Hitdorfer gerne feiern und deshalb, neben Wiesdorf, Opladen und Schlebusch, einen eigenen ‚Zoch' haben."

Paula: „Ich glaube, hier am Rhein lässt es sich gut leben. Hier ist immer etwas los."

Paul: „Am meisten Spaß macht es, die vorbeifahrenden Schiffe zu beobachten. Das wird nie langweilig."

Frau Hormann: „Richtig, deshalb ist Hitdorf auch eine sehr beliebte Wohngegend. Für Kinder gibt es genügend Platz und viele Möglichkeiten zu spielen."

86

Opladen

Interessantes vom Bahnhof

In der Fußgängerzone

Ein Besuch in der Feuerwache

Der Sportplatz Birkenberg

Eine Fahrt zur Schusterinsel

Auf dem „NaturGut Ophoven"

Paul: „Hier ist der Busbahnhof in Opladen. Ich glaube, wir müssen jetzt aussteigen."

Paula: „Und dort drüben ist auch schon der Bahnhof."

Die beiden Kinder überqueren die Straße. Durch die Eingangshalle des Bahnhofgebäudes gelangen sie direkt auf Bahnsteig eins.

Paula: „Schau mal, da saust ein silberner Zug vorbei."

Paul: „Das ist ein Schnellzug, ein ICE. Der hält nicht in Opladen. Unser Nachbar fährt jeden Tag mit dem Zug nach Köln zur Arbeit. Von ihm weiß ich das."

Paula: „Weißt du auch, seit wann hier Züge fahren?"

Paul: „Bestimmt schon sehr lange. Mein Opa hat schon bei der Eisenbahn gearbeitet." Neben ihnen steht ein älterer Herr, der sich den Kindern zuwendet.

Älterer Herr: „Das kann ich euch genau sagen. Seit mehr als 100 Jahren fahren hier Züge. Zur Eröffnung des Bahnhofs war alles mit Blumen, Fahnen und Girlanden geschmückt. Eine Blaskapelle spielte. Ganz Opladen feierte ein großes Fest."

Paula: „Fuhren die Züge damals auch schon so schnell?"

Älterer Herr: „Nein, damals fuhren die Züge noch mit Dampf. Die Lokomotiven wurden mit Kohle befeuert. Sie keuchten laut, und aus den Schornsteinen quollen dicke weiße Dampfwolken. Man hörte, roch und sah die Züge schon von weitem."

Paul: „Wohin fahren die Züge von hier aus?"

Älterer Herr: „Am Gleis eins halten die Züge in Richtung Köln. Vom Gleis zwei aus, genau gegenüber, fahren die Züge nach Leichlingen und

Wuppertal und Münster. Vor vielen Jahren gab es sogar eine Strecke, die ins Bergische Land führte, nach Burscheid und Wermelskirchen. Den Zug, der dort entlag fuhr nanne man auch den „Balkan-Express". Auch nach Düsseldorf konnte man von Opladen aus fahren."

Paula: „Was geschieht mit Zügcn, dic kaputt sind?"

Älterer Herr: „Schaut mal nach dort drüben. Hinter den Gleisen befand sich das Ausbesserungswerk. Dort wurden Lokomotiven, Wagen und Anhänger aus ganz Deutschland repariert. Über zweitausend Menschen haben dort gearbeitet. Doch in den letzten Jahren übernahmen Werkstätten in anderen Städten die Instandsetzung. Ende des Jahres 2003, hundert Jahre nach seiner Erbauung, wurde das Werk geschlossen."

Paul: „Und was passiert jetzt?"

Älterer Herr: „Man weiß es noch nicht genau. Vielleicht werden auf dem Gelände Wohnungen gebaut. Oder es werden neue Betriebe angesiedelt, damit es wieder Arbeit für die Menschen gibt, die im Ausbesserungswerk beschäftigt waren. Vielleicht wird auch das Gleis für die Güterzüge neu verlegt. Dann gibt es viel Platz vor dem Bahnhofsgebäude."

Paula: „Da könnte man auch an die Kinder denken."

Älterer Herr: „Ja. Wie wäre es mit einem Abenteuerspielplatz?

Früheres Ausbesserungswerk der Bahn AG

Im Aus-
besserungs-
werk

Auf dem könnten Lokomotiven stehen, Signale und Weichen zum Entdecken und Ausprobieren."

Paula: „Das wäre schön. Ich hätte gern einen Wagen, in den man hineinklettern kann, um ihn auch von innen anzusehen."

Paul: „Und ich wünsche mir einen Kiosk, an dem man sich eine rote Mütze, Kelle und Pfeife ausleihen kann. Dann kann ich den Zug abfahren lassen."

Paula: „Ich sitze dann im Zug, fahre durch Leverkusen und lasse die ganze Stadt an mir vorbeifliegen."

Paul: „Woher wissen Sie eigentlich so viel über den Bahnhof Opladen?"

Älterer Herr: „Ganz einfach. Ich war hier als Bahnbeamter tätig.

Vor zehn Jahren wurde ich pensioniert. Aber ab und zu zieht es mich zurück zu ‚meinem' Bahnhof."

Paula: „Vielen Dank für die Informationen. Paul, müssen wir jetzt nicht zu unserem nächsten Treffpunkt?"

Paul: „Oh ja, es ist höchste Zeit. Wir müssen nur die Bahnhofstraße hinunter gehen, am Ende der Straße erwartet uns Herr Purschke."

Vom Bahnhof aus sind Paul und Paula zur Fußgängerzone von Opladen gegangen. Jetzt stehen sie an der Aloysius-Kapelle.

Paul: „Guten Tag. Sind Sie Herr Purschke, der Manager von Opladen?"

Herr Purschke: „Ja, ich bin der Vorsitzende der AGO, so heißt die ‚Aktionsgemeinschaft Opladen' abgekürzt."

Paula: „Was haben Sie zu tun?"

Herr Purschke: „Die Aktionsgemeinschaft sorgt dafür, dass im Stadtteil Opladen immer etwas los ist. Wir möchten, dass die Menschen gern hierher kommen."

Paul: „Bieten Sie nur etwas für die Erwachsenen oder auch für uns Kinder?"

Herr Purschke: „Wir möchten die ganze Familie ansprechen. Im Sommer veranstalten wir zum Beispiel ein großes Fest mitten in der Fußgängerzone. Außerdem wird eine bunte Kirmes mit vielen Karussells und Buden aufgebaut. An einem Abend wird ein prächtiges Feuerwerk entzündet. Aber es gibt zu jeder Jahreszeit Feste, Ausstellungen und viele andere Attraktionen."

Paula: „Was gibt es denn sonst noch hier für Kinder?"

Herr Purschke: „Gleich in der Nähe findet ihr drei Eissalons mit köstlichen Eisspezialitäten. Viele Geschäfte haben die Dinge im Angebot, die ihr für die Schule benötigt. Die Auswahl an Spielsachen und Büchern ist

**Jugend-
kirche St.
Aloysius**

ebenfalls groß. Und das ‚Scala-Kino' zeigt oft spannende Kinderfilme. Und – nicht zu vergessen – in der Neustadt gibt es einen Verkehrsübungsplatz nur für Kinder."

Paul: „Ich esse gerne Erdbeeren, Äpfel und Bananen. Bekomme ich hier auch frisches Obst?"

Herr Purschke: „Aber sicher. Die größte Auswahl habt ihr donnerstags auf dem Opladener Platz. Dort findet der größte Wochenmarkt von ganz Leverkusen statt. An mehr als hundert Ständen könnt ihr Obst, Gemüse, Blumen und vieles andere mehr kaufen. Samstags organisiert die Arbeitsgemeinschaft in der Fußgängerzone einen Frischemarkt, auf dem Obst, Fisch, Fleisch und jede Menge Blumen

Opladener
Wochen-
markt

Bergisches Heimatlied

(1. Strophe)

Wo die Wälder noch rauschen,
die Nachtigall singt,
die Berge hoch ragen,
der Amboss erklingt,
wo die Quelle noch rinnet
aus moosigem Stein,
die Bächlein noch murmeln
im blumigen Hain,
wo im Schatten der Eiche
die Wiege mir stand,
da ist meine Heimat,
mein Bergisches Land.

angeboten werden. Zusätzlich gibt es noch etliche Obst- und Gemüsegeschäfte."

Paula: „Und Spielplätze? Gibt es in Opladen keine Spielplätze?"

Herr Purschke: „Doch, natürlich. Direkt hier neben der Aloysiuskapelle ist ein kleiner

Spielplatz. Und an der Wupper wurde ein ganz toller Spielplatz angelegt, mit einem Piratenboot und einem Klettergerüst. Ein Stück weiter, auf der anderen Wupperseite, liegt ein großer Bolzplatz."

Paul: „Hörst du die Musik, Paula? Wo kommt die wohl her?"

Herr Purschke: „Lasst uns ein Stück weiter gehen. Gleich um die Ecke, in der Goethestraße, befindet sich das bekannte Opladener Glockenspiel. Zu jeder vollen Stunde erklingt das ‚Bergische Heimatlied'."
Sie besichtigen das Glocken-

spiel und schlendern dann durch die Fußgängerzone bis zum Ende.

Paula: „Wohin führen denn die vielen Straßen, die wir von hier aus sehen?"

Herr Purschke: „Durch die Straße ‚An St. Remigius' dort drüben rechts geht es zur Remigiuskirche, zum Remigiuskrankenhaus und zum Amtsgericht. Weiter hinauf führt der Weg nach Bergisch Neukirchen und ins Bergische Land."

Paul: „Und dort halblinks?"

Herr Purschke: „Dort verläuft die Düsseldorfer Straße. Wie der Name sagt: Sie führt über Langenfeld direkt bis nach Düsseldorf. Die Fußgängerzone, durch die wir gekommen sind, heißt Kölner Straße. Früher, als

Blick in die Gerichtsstraße mit Amtsgericht

Herr Purschke: „Wir sind ganz besonders stolz darauf, dass die Einwohner Opladens alles, was sie brauchen, in nächster Nähe finden können."

Paul und Paula: „Vielen Dank für die Informationen."

Herr Purschke: „Auf Wiedersehen! Und weiterhin viel Vergnügen beim Stadtbummel."

Paul: „Komm, Paula, wir kaufen uns noch schnell ein Eis. Dann geht's weiter zur Feuerwache."

es noch keine Autobahnen gab, war dies eine wichtige Fernstraße. Auf ihr reisten Kaufleute nach Köln, zur Frankfurter Messe oder zu den Handelsstädten in Holland."

Paula: „Ganz links ist noch eine Straße, die Altstadtstraße."

Herr Purschke: „Hier wohnten früher die meisten Opladener in der Altstadt, daher der Name. Übrigens war hier bis vor einigen Jahren auch ein Gefängnis. Dort hinten könnt ihr noch das grüne Gebäude sehen."

Paul: „Hier gibt es aber wirklich viel zu beobachten."

Paula: „Mir gefällt, dass so viele Menschen auf den Straßen unterwegs sind, und dass die Geschäfte so dicht beieinander liegen."

Altstadt-
straße,
früheres
Gefängnis

94

Paul und Paula gehen von der Fußgängerzone aus über den Marktplatz zur Kanalstraße. Sie erreichen ein stattliches Gebäude. In der Mitte ragt ein quadratischer Turm empor, rechts und links sind jeweils drei breite und hohe Tore eingelassen. Auf einem rot-weißen Schild lesen sie die Aufschrift „Feuerwache". Hier sind sie richtig. An einem der Tore steht ein Mann in einer dunkelblauen Uniform. Paul und Paula sprechen ihn an.

Paul: „Guten Tag. Sind Sie ein Feuerwehrmann?"

Herr Hofmann: „Hallo, ihr beiden. Ja, ich bin ein Feuerwehrmann. Ich heiße Alexander Hofmann und bin der Löschzugführer des ‚Löschzuges 21 Opladen' der Feuerwehr Leverkusen."

Paula: „Was ist ein Löschzugführer?"

Herr Hofmann: „Die Feuerwehr einer Stadt ist in mehrere Löschzüge eingeteilt. So wie die Klassen in einer Schule. Der Leiter eines solchen Löschzuges ist der Löschzugführer. In der Schule wäre das der Klassenlehrer. Der Löschzugführer sorgt dafür, dass die Mitglieder eines Löschzuges gut ausgebildet und

die Feuerwehrfahrzeuge in Ordnung sind. Während eines Einsatzes trägt er die Verantwortung. Er entscheidet, was zu tun ist und weist den Feuerwehrleuten ihre Aufgaben zu."

Paul: „Gibt es dieses Gebäude schon lange?"

Feuerwache in Opladen

Herr Hofmann: „Das Haus wurde vor über achtzig Jahren für die Feuerwehr gebaut. Damals entstanden auch die Wohnhäuser rund um den Platz. Hier lebten die Feuerwehrmänner, damit sie bei Alarm ganz schnell an der Wache sein konnten. Heute ist hier die Feuerwache Nord der Feuerwehr Leverkusen untergebracht. In der Wache versehen Berufsfeuerwehrleute und Freiwillige Feuerwehrleute gemeinsam ihren Dienst. Die Berufsfeuerwehrleute arbeiten in Schichten, damit die Wache Tag und Nacht besetzt ist. Die Freiwilligen

Feuerwehrleute kommen dazu, wenn sie von der Leitstelle gerufen werden."

Paula: „Was ist der Unterschied zwischen der Berufsfeuerwehr und der Freiwilligen Feuerwehr?"

Herr Hofmann: „Berufsfeuerwehrleute sind fest angestellt und erhalten Geld für ihre Arbeit. Freiwillige Feuerwehrleute haben einen anderen Beruf. Sie sind zum Beispiel Schreiner, Bäcker oder Kaufmann. Bei der Feuerwehr sind sie in ihrer Freizeit beschäftigt, freiwillig und unentgeltlich."

Paul: „Löscht die Feuerwehr nur Feuer?"

Herr Hofmann: „Nein, die Feuerwehr löscht nicht nur Feuer. Sie rettet auch Menschen und Tiere. Sie befreit einen Autofahrer, der bei einem Unfall eingeklemmt wurde. Oder holt ein Kätzchen vom Baum, wenn es sich nicht mehr heruntertraut. Wenn es sehr stark geregnet hat, pumpt die Feuerwehr Wasser aus vollgelaufenen Kellern heraus. Und sie bringt Verletzte ins Krankenhaus."

Paula: „Was gehört alles zur Feuerwache?"

Herr Hofmann: „In der großen Halle stehen die verschiedenen Feuerwehrfahrzeuge: Löschfahrzeuge zur Brandbekämpfung, ein Fahrzeug mit einer dreißig Meter langen Leiter und Rettungswagen für den Transport von Verletzten. Es gibt Büros, zwei Küchen und mehrere Aufenthaltsräume, in denen die Feuerwehrleute Pause machen können. In einer Werkstatt werden die Feuerlöscher der Schulen und der anderen städtischen Einrichtungen überprüft und gewartet. Aber wisst ihr was, zu einem richtigen Besuch einer Feuerwache gehört auch eine Besichtigung. Kommt mit, ich zeige euch alles."

Paul und Paula: „Das ist prima." Es wird ein interessanter Rundgang.

Von der Feuerwache aus laufen Paul und Paula durch die Birkenbergstraße und die Reuschenberger Straße in Richtung Sportplatz Birkenberg. Dabei überqueren sie eine Brücke, die über die Autobahn führt. Es ist die Strecke von Frankfurt nach Oberhausen. Auf der Autobahn herrscht reger Verkehr.

Paul: „Siehst du das weiße Schild mit der Aufschrift ‚Birkenberg-Sportplatz'? Hier sind wir richtig."

Paula: „Was für eine riesengroße Anlage! Sieh mal, Paul, die Zielscheiben dort auf der Wiese!"

Paul: „Hier ist der Eingang. Komm, wir schauen uns alles an."

Herr Schäfer: „Na ihr beiden. Habt ihr euch verlaufen?"

Paula: „Nein, nein. Wir möchten etwas über den Sportplatz Birkenberg erfahren. Können Sie uns helfen?"

Herr Schäfer: „Ja gerne. Ich bin hier Platzwart. Was möchtet ihr wissen?"

Paul: „Gibt es viele Vereine, die hier Sport treiben?"

Herr Schäfer: „Oh ja! Ihr habt schon die Wiese mit den vielen Zielscheiben gesehen. Dort trainiert der Bogenschützenverein Opladen. Die Bogenschützen tragen auch Wettkämpfe aus. Auf den Fußballfeldern spielen und trainieren die Fußballvereine ‚International Leverkusen' und

‚FC Leverkusen'. Es gibt sogar einen American-Football-Club, die ‚Leverkusen Leopards'. Der ‚TuS 82 Opladen' nutzt die 400-Meter-Aschenbahn und die Anlagen für Hochsprung, Weitsprung und Kugelstoßen."

Paula: „Ist das ein Leicht-athletik-Verein?"

Herr Schäfer: „Richtig. TuS steht für Turn- und Sportverein."

Paul: „Und 82? Heißt 82 etwa 1982?"

Herr Schäfer: „Nein. Es heißt 1882! In dem Jahr wurde der Verein gegründet!"

Paul: „Und diese Sportanlage gibt es auch schon so lange?"

Herr Schäfer: „Nein, sie ist später angelegt worden. Ange-fangen hat es vor hundert Jahren mit einem Rasenplatz. Das Gelände wurde immer wie-der erweitert und verändert, bis es so aussah wie heute: mit Tribüne und Stehplätzen und dem einge-zäunten Kleinspielfeld, das übrigens einen Boden aus Kunststoff hat."

Paula: „Wem gehört die Anlage?"

Herr Schäfer: „Die gehört der Stadt Leverkusen. Wisst ihr was?

Ich habe im Büro ein kleines Heft: ‚Spiel und Sport seit hun-dert Jahren'. Darin steht eine ganze Menge über den Sport-platz Birkenberg. Ihr erfahrt, wer die Idee hatte, wer gehol-fen hat, wer Geld dafür gege-ben hat und vieles mehr. Und ihr könnt lesen, was hier noch alles entstehen soll!"

Paul und Paula: „Was meinen Sie damit?"

Herr Schäfer: „Es gibt jetzt einen Förderverein, der will die Anlage noch viel interessanter machen. Es werden noch zu-sätzliche Spiel- und Trainings-geräte für Kinder und Jugend-liche, aber auch für Erwachsene angeschafft."

Paula: „Vielen Dank, dass Sie sich so viel Zeit genommen haben. Aber jetzt müssen wir nach Hause."

Herr Schäfer: „Auf Wieder-sehen. Und kommt doch mal wieder vorbei!"

Vom Sportplatz Birkenberg aus gehen Paul und Paula durch den Friesenweg und die Menchen-dahler Straße zurück zur Kölner Straße. Dort befindet sich eine Bushaltestelle, von der aus sie nach Alkenrath zurück-fahren.

Paul und Paula freuen sich auf eine Kanufahrt auf der Wupper zusammen mit Paulas Vater. Von Leichlingen aus wollen sie an Bergisch Neukirchen vorbei bis zur Schusterinsel in Opladen paddeln. Unterwegs möchten sie an Land gehen und die Gegend erkunden. Am Wipperkotten steigen sie in das Kanu. Das Boot kommt schnell in Fahrt. Im seichten Wasser sehen sie Steine, Sand und Geröll. Paul vermutet: „Größere Schiffe konnten auf der Wupper wohl nie fahren?" „Ganz recht", bestätigt Paulas Vater, „wegen der geringen Wassertiefe verkehrten nur Fährschiffe von

einem Ufer zum anderen. Die Leute stellten sich ans Ufer und riefen den Fährmann mit einem ‚Hol' über!' herbei." Das Kanu gleitet weiter über Untiefen und durch kleine Strudel.

Am Ufer ziehen Bäume, Häuser, Felder und Wiesen vorbei und schon bald erreichen sie Opladen. „Seht ihr dort die steile Treppe am rechten Ufer?", fragt der Vater. Die Kinder nicken. „Sie führt hinauf zum Frankenberg", erklärt er. „Die Opladener nennen sie ‚Himmelsleiter'. Versteckt unter Gebüsch liegt in der Nähe der Eingang zu einem Bunkerstollen. Hierher flüchteten sich die Menschen im Krieg, um Schutz vor den Bomben zu finden." Heute dient der Bunker als Nistraum für Fledermäuse.

Die „Himmelsleiter"

Früheres
Landratsamt,
jetzt
Stadtarchiv

Nepomuk auf der Wupperbrücke

Einige Minuten später sehen Paul und Paula vor sich die steinerne Wupperbrücke. „An der Sandbank hinter der Brücke steigen wir aus", schlägt der Vater vor. „Seit wann gibt es die Brücke?", will Paula wissen. Der Vater antwortet: „Schon vor mehr als siebenhundert Jahren überquerten an der Stelle Kinder, Frauen, Bauern, Kaufleute, Händler, Reiter und auch Soldaten zu Fuß, mit Karren oder Kutschen die Wupper. Fast alle Leute, die auf dieser Rheinseite von Köln nach Düsseldorf oder umgekehrt reisten, kamen hier vorbei. Paul möchte etwas über die

Statue auf der Brücke wissen. „Fragt doch im Stadtarchiv auf dem Frankenberg nach", rät der Vater. Und er erzählt den Kindern noch, dass dort Schriftstücke, Urkunden, Bilder, Zeitungen und interessante Gegenstände aus Geschichte und Gegenwart der Stadt aufbewahrt werden. Im Stadtarchiv erfahren sie von einer freundlichen Mitarbeiterin: „Die Figur stellt den heiligen Johannes von Nepomuk dar. Manche Leute nennen ihn nach dem Ort, aus dem er stammte, einfach Nepomuk." „Warum trägt er so lange Kleider und hält ein Kreuz vor der Brust?", fragt Paul. Auch das weiß die Mitarbeiterin: „Johannes von

Nepomuk lebte vor langer Zeit als hoch angesehener Priester in Prag. König Wenzel warf ihm vor, dass er ihn verraten habe und betrachtete ihn als seinen Todfeind. Aber Johannes von Nepomuk hatte dem König in keiner Weise geschadet. Doch der ließ den Priester in der Moldau ertränken. Die frommen Leute glaubten an die Unschuld des Priesters und verehrten ihn als Heiligen. Die Statue des Johannes von Nepomuk wurde später auf der Moldaubrücke in Prag aufgestellt. Sie trug nicht nur ein Priestergewand und ein Kreuz, sondern auch einen Kranz von fünf Sternen über dem Kopf." „Warum waren es gerade fünf Sterne?", wundern sich Paul und Paula. Sie erfahren: „Die fünf Sterne sind Zeichen für die fünf Buchstaben des lateinischen Wortes ‚Tacui', das bedeutet: ‚Ich habe geschwiegen'. Der Sternenkranz zeichnet den unschuldig ermordeten Priester aus." „Und wie kommt eine Statue des Johannes von Nepomuk auf die Wupperbrücke?", möchten die Kinder noch wissen. Die Mitarbeiterin erzählt weiter: „Der heilige Johannes von Nepomuk wurde auch auf vielen anderen Brücken aufgestellt. Er sollte Schutz vor den Gefahren des Wassers bieten und wurde der Schutzpatron der Reisenden, die die Brücken überquerten. In der St. Johannes von Nepomuk-Kapelle in Fettehenne seht ihr

St. Nepomuk auf der Wupperbrücke in Opladen

Villa Römer

auf dem Altarbild die Verurteilung des heiligen Johannes durch König Wenzel." Paul und Paula nehmen sich vor, die Statue auf der Brücke noch einmal genau anzusehen und später einmal mit dem Fahrrad zur Kapelle zu fahren. Sie bedanken sich für die Auskunft und verlassen das Stadtarchiv. Draußen wartet schon der Vater.

Unterwegs auf dem Frankenberg

Als sie die Straße überquert haben, lesen sie auf einem Schild „Villa Römer - Haus der Stadtgeschichte". Sie laufen dem Vater voraus durch den Park mit den großen alten Bäumen und bleiben vor dem

Haus stehen, das mit seinen dicken Mauern und Erkern, seinem Balkon und dem turmähnlichen Aufbau ein bisschen aussieht wie eine Burg. Paul ist neugierig geworden. Er sagt zu Paula: „Komm, lass' uns hineingehen." Sie steigen die Außentreppe unter einem Vorbau hinauf und kommen in die Empfangshalle.

Sie staunen, denn sie sehen ein auffallend schönes geschnitztes Treppengeländer. Mittendrin sitzt eine vergoldete Eule mit ausgebreiteten Flügeln zwischen großen runden Blüten. Die Wände sind mit Holz getäfelt. Die Decke ist mit Stuck verziert. Paul untersucht den in Holz gefassten Marmorkamin genauer. „Das hat sicher viel Geld gekostet", vermutet er. „Das war so", bestätigt Herr Müller, der gerade die Treppe herunterkommt. Er kennt sich in der Geschichte Opladens gut aus und beantwortet gerne die Fragen der Kinder. „Vor hundert Jahren", erzählt er, „arbeiteten viele Leute in den Fabriken der Familie Römer, die in dieser Villa wohnte. Ihre erste Fabrik lag am Ende der Altstadtstraße unmittelbar an der Wupper in Opladen. Später kam eine zweite Fabrik in Leichlingen hinzu. Die Arbeiter färbten mit dem kalkarmen Wasser der Wupper Stoffe in einem leuchtenden Türkischrot." „Das ist sicher eine ganz besondere Farbe", vermutet Paula. „Das kann man sagen", bestätigt Herr Müller. „Damit wurden zum Beispiel Uniformen gefärbt. Die Firma Römer gewann nicht nur in Deutschland Handelspartner. Ihre Waren wurden überall in Europa gekauft. Max Römer, der Sohn des Fabrikgründers, ließ für seine Familie diese schöne Villa und ein Kutscherhaus mitten in den Park bauen. Heute werden in der Villa Römer Ausstellungen gezeigt

und Vorträge gehalten. Dabei erfahrt ihr viel Interessantes über die Familie Römer, ihre Villa und ihre Fabrik. Außerdem gibt es auch Informationen über Leverkusen, die Leverkusener und die Geschichte der Stadtteile." Paul und Paula verabschieden sich und freuen sich auf die nächste Entdeckung. „Kommt mit!", sagt der Vater. „Wir gehen noch ein paar Minuten weiter." Paul ruft: „Was ist das für ein Gebäude mit dem Turm dort?" Der Vater berichtet: „Dieses Gebäude gehörte zu einer Hofanlage. Hier

Ausschnitt aus dem Treppengeländer der Villa Römer

**Frieden-
berger Hof**

auf dem Berg wohnte vor mehr als sechshundert Jahren Ritter Gottschalk Starke von Uplaiden (Opladen) mit seiner Frau Lyse und seinen Kindern. Ritter Gottschalk war ein frommer Mann. Er sorgte für die armen Leute und schenkte den Zisterziensermönchen im nahe gelegenen Kloster Altenberg Ackerland und Wald. Seine Kinder Ida und Hermann freuten sich, wenn das Ritter- und Hauptlandgericht in der Nähe der Wupperbrücke tagte. Dann kamen hier die Ritter aus dem Bergischen Land zusammen. Knappen sorgten für die Pferde, Rittertreffen und Gelage wurden abgehalten. „Wer lebte denn später auf diesem Hof?", möchte Paul wissen. „In den folgenden Jahrhunderten wechselten die Bewohner des Rittergutes", erzählt der Vater weiter. „Nach der Familie Wrede wurde der Hof Wredenberg genannt. Von dieser Bezeichnung leitet sich der heutige Name Friedenberger Hof her.

Später wohnten Notare und Advokaten hier, so Vincenz Joseph Deycks und Jacob Salentin von Zuccalmaglio. Sein Sohn ist als berühmter Schriftsteller des Bergischen Landes unter dem Namen Montanus bekannt.
In Schlebusch könnt ihr das Zuccalmaglio-Haus besuchen, das die Familie später bewohnte."
Paul und Paula erinnern sich an ihren Spaziergang zurch Schlebusch. „Und wer lebt heute hier im Friedenberger Hof?", fragt Paula. „Heute findet ihr hier die Büros des Bundes der Historischen Deutschen Schützenbruderschaften. Auch in Leverkusen gibt es Schützen-bruderschaften. Ihr Schutzheiliger ist der heilige Sebastianus", antwortet der Vater.

Besuch der Schusterinsel

Die drei schlendern zurück zum Kanu und paddeln weiter zum Gewerbegebiet Schusterinsel. Sie treffen Frau Blum, die in der damaligen Firma Schusterinsel eine Lehre als Industriekauffrau gemacht hat. Paul und Paula sehen keine Insel und möchten wissen, warum dieses Gelände den Namen „Schusterinsel"

trägt. Frau Blum erzählt: „Nachdem Opladen vor mehr als hundert Jahren den ersten Bahnhof erhalten hatte, bauten die Brüder August und Ferdinand Schöller hier eine Färberei.
Das Gelände an der Wupper lag günstig für die neue Fabrik. Das weiche Wupperwasser war sehr geeignet zum Färben und Ausspülen der Stoffe."
„So hatte doch auch die Firma Römer das Wupperwasser genutzt", erinnert sich Paula. Frau Blum freut sich über die Aufmerksamkeit der Kinder und fährt fort: „Die Schweizer Familie Wirth, die die Fabrik später übernahm, nannte sie Schusterinsel - genau wie ihre Färberei und Appretur in Weil

Frühere Fabrik Schusterinsel

Rath-Deycks

am Rhein nahe der Schweizer Grenze. Wenn ihr Genaueres über diesen seltsamen Namen für ein Gewerbegebiet erfahren wollt, schaut doch einfach mal ins Internet." "Heute gibt es hier aber keine Färberei mehr", stellen Paul und Paula fest. "Nein", bestätigt Frau Blum. "Aber bis 1980 wurden hier Gewebe veredelt. Viele Webereien ließen Stoffbahnen färben, bedrucken, appretieren und beschichten. Anschließend wurden die veredelten Stoffe an Konfektionsbetriebe verkauft, die daraus Mäntel, Kleider und Hosen fertigten. Aus den beschichteten Stoffbahnen entstanden Bezüge für die Sitze von

Omnibussen, Straßenbahnen und Eisenbahnen. Vor ungefähr fünfzehn Jahren haben sich hier viele kleine Unternehmen angesiedelt. – Ihr kennt den Namen Schusterinsel vielleicht auch, weil eure Eltern im Sommer die Bierbörse besuchen, die ganz in der Nähe stattfindet."

Paul und Paula bedanken sich bei Frau Blum für die Auskünfte. Nachdem sie alles genau angesehen haben, ruft der Vater den Mann vom Bootsverleih an. Er kommt, lädt das Kanu auf den Gepäckträger und fährt sie alle drei zurück zum Wipperkotten, wo der Vater das Auto geparkt hat.

**Gewerbepark
Schusterinsel**

Paul und Paula treffen sich am Bahnhof Opladen. Um Punkt fünfzehn Uhr sollen sie auf dem „NaturGut Ophoven" sein. Herr Dr. Kochanek hat versprochen, mit ihnen eine Führung über das Gelände des „NaturGutes" und durch die Erlebnisausstellung „Energie-Stadt" zu machen.

Sie verlassen den Bahnhof, gehen an den Fahrradständern vorbei und dann rechts durch den Fußgängertunnel.
An der ersten Kreuzung biegen Paul und Paula links in die Stauffenbergstraße ein, die in die Pommernstraße mündet. Auf dieser Straße laufen sie noch hundert Meter weiter. Dann haben sie die Talstraße und gleich darauf ihr Ziel erreicht.

„Paul, schau mal, dort steht der große Schrottmann", ruft Paula. „Man sieht ihn kaum, weil es heute so neblig ist."
„Der Schrottmann heißt Recyclist", weiß Paul. „Er wurde aus Altmetallen gebaut. Solarzellen treiben sein gelbes Windrad an."

Der „Schrottmann"

„Ach, wartet dort nicht schon Herr Dr. Kochanek?", fragt Paula. „Komm, wir beeilen uns!" Doch dann wundern sich die Kinder. Sie erblicken eine merkwürdige Person in einem weißen Kleid. Sie sieht nicht wie Herr Dr. Kochanek aus. Vielleicht hat er jemand anderen geschickt, um sie abzuholen. Vor den Kindern steht eine Frau in einem kurzen Gewand mit einem breiten weißen

Kragen und engen Beinkleidern. „Seid gegrüßt, ihr holden Kinder", sagt die Fremde. „Schön, dass ihr so rechtzeitig erschienen seid." „Hallo", grüßen Paul und Paula. „Wir sind hier mit Herrn Dr. Kochanek verabredet." „Der ist sicher sehr beschäftigt", antwortet die weiße Frau. „Ich denke, es ist besser, wenn ich euch herumführe. Folgt mir!" Die Kinder blicken sich verstohlen an. Irgendetwas scheint hier nicht mit rechten Dingen zuzugehen.

„Wenn wir mehr herausfinden wollen, müssen wir der Frau wohl folgen", wispert Paul. Paula nickt.

„Entschuldigung", fragt Paula höflich, „wer sind Sie eigentlich?" „Ich bin die Herzogin Jacobe Jülich-Kleve-Berg, aber ihr könnt mich Jacky nennen. Im ‚NaturGut' gehe ich ein und aus, denn hier wohnt mein Liebster. Darf ich euch meine Burg zeigen? Tja, heute schreiben wir das

Jahr 1594. Könnt ihr euch vorstellen, dass das Gebäude schon seit rund zweihundertfünfzig Jahren hier steht?" „Aber wir leben doch im 21. Jahrhundert", wirft Paula ein, die jetzt völlig verwirrt ist. „Dann ist deine Burg doch schon fast achthundert Jahre alt." „Meine Burg ist es nicht", sagt die weiße Frau, die sich Jacky nennt. „Sie gehört meinem lieben Dietrich von Hall. Und vom 21. Jahrhundert habe ich noch nie etwas gehört. Kommt mit. Der Haupteingang befindet sich im Innenhof hinter diesem Gebäude.

Seht ihr die zugemauerte Tür? Früher bin ich noch hier durchgegangen. Aber vieles hat sich geändert. Hier ist die Küche. So manchen Abend sitze ich gemütlich neben dem lodernden Kamin und genieße die Stille. In der Ferne höre ich den Wiembach rauschen. Dietrich sorgt dafür, dass immer genug Holz da ist und leckere Speisen und Getränke bereitstehen. Nebenan im Festsaal feiern wir rauschende Feste. Oft drehen sich hier ganze Schweine am Spieß."

„Was isst du denn am liebsten?", fragt Paul neugierig. „Mein Lieblingsessen sind Apfel-Eierkuchen. Während der Apfelblüte ist es hier wunderschön. Die ganze Landschaft ist ein weißes Blütenmeer." Inzwischen hängen die Kinder gebannt an den Lippen Jacobes. Sie merken allmählich, dass sie sich inmitten eines spannenden Zeitabenteuers befinden.

„Kommt ihr lieben Kindelein, lasst uns durch die Pforte in die Vorburg gehen", sagt Jacky. „Wir müssen den Wassergraben überqueren. Aber zum Glück gibt es eine Zugbrücke. Dann zeige ich euch die Stallungen mit den Pferden des Grafen."

In der Burg Ophoven

Paul und Paula blicken in den Innenhof des „NaturGutes", in dem sie schon viele Male mit ihrer Schulkasse gespielt und interessante Dinge über die Natur erfahren haben. Sie verstehen, dass Jacobe aus einer Zeit stammt, in der es in Ophoven ganz anders ausgesehen hat. Damals hat es hier sogar eine richtige Zugbrücke gegeben.

Jacobe schaut gedankenversunken durch die Glastüren der Erlebnisausstellung. „Pferde, Zugbrücke? Leider sind die alten Zeiten vorbei. Mir wurde zugetragen, dass Kinder wie ihr in der ‚EnergieStadt' auf Schaukeln mit den Vögeln fliegen können. Auch soll man da mit Bäumen telefonieren, Autofahren und mit Solarzellen experimentieren können. Man stelle sich das einmal vor! Früher gab es das alles nicht. Nur weil ich manchmal durch die Zeit reise – andere meinen, ich spuke – habe ich von diesen Erfindungen gehört."

Sie gehen weiter über das Gelände. „Ich möchte euch noch die Gärten des großartigen Gutes zeigen", sagt Jacobe.

„Dort wachsen herrliche Heilpflanzen und die leckersten Obst- und Gemüsesorten. Allerdings werden die Gärten heute nicht mehr von Mägden des Gutes gepflegt, sondern von Leverkusener Schulklassen. Kennt ihr Zitronenmelisse und Pfefferminze?" Paul und Paula schütteln die Köpfe. „Das sind zwei wunderbare Kräutlein zum Teekochen. Sie helfen bei Halsweh und kneifendem Magen."

Ein Stück weiter befinden sich die Teiche. „Wie schön wäre es gewesen, hätte es die schon damals gegeben", schwärmt Jacky. „Da hätte ich mit meinem Liebsten im Mondenschein romantische Fahrten mit dem Ruderboot machen können. In diesen Teichen beobachten die fleißigen Kinder heute kleine Wassertiere und seltene Pflanzen."

Jacobes Stimme klingt müde, ihre Schritte werden immer langsamer. Doch sie möchte den Kindern noch einen weiteren Teil der Burg zeigen. „Heute

nennen es alle das Verwaltungsgebäude des ‚Natur-Gutes'", sagt sie und fährt dann fort: „Im ersten Stock ist eine Bibliothek mit zahlreichen gelehrten Büchern. Hier könnt ihr sehr viel über die Natur und euer Leben erfahren." Jacobe geht zusammen mit den Kindern zu der Bürotür von Herrn Dr. Kochanek, dem Leiter des Zentrums, und öffnet sie.

Als Herr Dr. Kochanek die Kinder erblickt, sagt er: „Oh je, euch beide habe ich ja total vergessen. Ich war so beschäf-

Minze

Die
„Weiße
Frau"

Kindern über den Rücken. „Manchmal spukt sie hier herum, weil sie in Ophoven einmal sehr verliebt gewesen ist." Paul und Paula nicken. So war das also mit der weißen Frau. Weil sie beide ziemlich erschöpft sind von dem Erlebten und Herr Dr. Kochanek gleich noch einen Termin hat, verabreden sie sich mit ihm für den nächsten Tag. Morgen will er einen langen Rundgang durch die „EnergieStadt" mit ihnen unternehmen und eine Wanderung über den „Naturerlebnispfad" und den „Weg der Sinne".

tigt." Paul und Paula schauen über ihre Schulter und bemerken, dass Jacky nicht mehr bei ihnen ist. „Macht nichts", sagt Paul, „wir haben uns schon mit Jac... – wir haben uns schon allein ein wenig umgesehen." „Kennt ihr die Legende von der weißen Frau?", fragt Herr Dr. Kochanek. Paul und Paula verneinen. „Sie wurde wegen Ehebruchs angeklagt und in Düsseldorf gefangen gehalten. Dort fand man sie im Jahr 1597 erdrosselt auf", erzählt Herr Dr. Kochanek. Ein Schauer jagt den

Bergisch Neukirchen

Zwei Ausflüge

Zwei Ausflüge

Die großen Ferien sind fast vorbei. Paul und Paula langweilen sich ein wenig. Da hat Pauls Mutter eine Idee: „Wie wär's mit einem Ausflug nach Bergisch Neukirchen?", schlägt sie vor. „Das haben Vater und ich früher oft gemacht." Paul ist skeptisch: „Was sollen wir denn da?" „Dort gibt es manches zu entdecken: hübsche alte Fachwerkhäuser zum Beispiel und das Wahrzeichen des Ortes, die evangelische Kirche mit der Schweifhaube." „Eine Schweifhaube?", Paul muss kichern. Was das wohl sein mag? Das möchte er zu gern wissen. Paula ist auch neugierig. Am nächsten Morgen fahren sie mit dem Bus nach Opladen. Dort treffen sie sich mit Leon und Lisa, die auch mitkommen. Gemeinsam gehen sie in Richtung Burscheider Straße.

Evangelische Kirche

Eine anstrengende Wanderung

„Wie steil es hier den Berg hoch geht. Beim Autofahren merkt man das nicht", stöhnt Paula, als sie die Burscheider Straße hinauf marschieren. Paul nickt. „Wir können vielleicht in Neukirchen ein Eis essen", meint Lisa. Mit dieser verlockenden Aussicht geht es sich leichter. Als sie den Berg erklommen haben, hören die Kinder Glockengeläut. „Jetzt ist es sicher zwölf Uhr", sagt Leon. Vor ihnen ragt der Kirchturm empor. Sie legen die Köpfe in den Nacken und blicken hinauf zu der schön geschwungenen

Bergisch Neukirchen

Haube, dem kleinen Türmchen obenauf und dem glänzenden Wetterhahn ganz an der Spitze. Das ist also eine Schweifhaube. Leise Orgelklänge dringen an ihre Ohren. „Lasst uns hineingehen", schlägt Paul vor. Er drückt die Tür auf und die Kinder schlüpfen hinein. Sie setzen sich in eine Bank und lauschen der Musik. Nachdem der letzte Ton verklungen ist, fasst Paul sich ein Herz. „Hallo", ruft er zur Empore hinauf. „Spielen Sie immer hier Orgel?" „Immer nicht, aber ziemlich oft", entgegnet der Organist. Lisa will witzig sein und fragt: „Wissen

Sie auch, wie viele Engelbabys hier in der Kirche sind?" „Ja", entgegnet der Organist, „genau zwölf. Aber man sagt nicht Engelbabys, man nennt die kleinen Engel Putten. Interessiert ihr euch für die Ausstattung der Kirche?" Die Kinder nicken.

Eine besondere Sehenswürdigkeit: Die evangelische Kirche von Bergisch Neukirchen

Der Organist kommt die Treppe herunter. „Wisst ihr, wie alt die Kirche ist?" Paul und Paula schütteln die Köpfe. „Hundert Jahre vielleicht", rät Leon.

Kanzel in der Kirche

„Nein, viel älter. Der Kirchturm ist ungefähr achthundert Jahre alt. Damals gab es hier nur eine kleine Kapelle. Die Kirche, in der wir jetzt stehen, stammt aus der späten Barockzeit, 1783 wurde sie vollendet. Hier seht ihr eine Besonderheit der Baukunst des Bergischen Landes: Altar, Kanzel und Orgel sind übereinander gesetzt worden." „Das sieht aber hübsch aus", sagt Lisa und weist auf die zierlichen Säulen, vergoldeten Blumen und Blätter und die kleinen Engel mit ihren Instrumenten und Kränzen. Sie sind so angebracht, dass sie Altar, Kanzel und Orgel miteinander verbinden.

Paul zeigt auf einen Ritterarm mit Schwert unterhalb der Orgel: „Was hat der zu bedeuten?" „Der Arm soll an den heiligen Ritter Georg erinnern", erklärt der Organist. „Die Kirche war früher nach ihm benannt. Georg musste gegen einen bösen und gefährlichen Drachen kämpfen. Er hat ihn tapfer besiegt. Deshalb blieb er den Menschen über viele Jahrhunderte ein Beispiel für Mut und Tapferkeit."

Drei geheimnisvolle Bildtafeln

Der Organist weist noch einmal auf die Kanzel: „Kinder, schaut euch die drei geschnitzten Bildtafeln hier an! Was erkennt ihr darauf?" „In der Mitte sieht man einen großen Baum, davor einen kleinen Engel, der mit einem Spaten den Boden bearbeitet", berichtet Paula. „Auf dem linken und rechten Bild ist jeweils ein Vogel zu erkennen. Der linke breitet gerade seine Flügel aus, der rechte fliegt durch Wolken der Sonne entgegen", ergänzt Leon. „Ganz genau", bestätigt der Organist. „Die Landschaft der drei Bilder, der Baum, die Hügel und Felder erinnern an das Bergische Land. Man kann auch an den Obstanbau denken, von dem die

Altes
Fabrik-
gebäude
an der
Burscheider
Straße

Bauern neben dem Ackerbau lebten." „Was steht da unter den Bildern?" will Leon wissen. „Das sind drei geheimnisvolle lateinische Wörter. Sie haben etwas mit Gottvater, Sohn und Heiligem Geist zu tun, einfacher ausgedrückt, mit Gott, der alles das erschaffen hat", erklärt ihnen ihr Führer.

Das „Tor zum Bergischen Land"

Der Organist begleitet die Kinder nach draußen. „Hier an der Kirche standen früher zwei Kastanienbäume, auf jeder Straßenseite einer. Ihre Zweige berührten sich, deshalb wurden die Bäume auch das „Tor zum Bergischen Land" genannt",

erzählt er noch. „Vor fast achthundert Jahren wurde Neukirchen zum ersten Mal in einer Urkunde erwähnt. 1857 ist es Stadt geworden. Hier wohnten vor allem Bauern, die von Landwirtschaft und Obstbau lebten. Bis vor etwa hundert Jahren waren auch die Weberei und Strumpfwirkerei wichtige Einnahmequellen. 1883 gab es hier fast dreihundert Handwebstühle. Sie standen nicht in Fabriken, sondern bei den Webern zu Hause. 1904 wurde die Stadt in Bergisch Neukirchen umbenannt, damit sie nicht mit anderen Orten namens Neukirchen verwechselt werden konnte. Als Stadt hatte Neukirchen auch ein

Wappen: es zeigte die Kirche auf drei Hügeln, darüber den Bergischen Löwen. Seit 1975 gehört Bergisch Neukirchen als Stadtteil zu Leverkusen. Heute leben hier ungefähr sieben-tausend Menschen."

„Jetzt habe ich aber Appetit auf ein Eis", meint Paul. Die anderen stimmen zu. „Lasst es euch schmecken", sagt der Organist und erklärt ihnen, wie sie zur nächsten Eisdiele kommen. Die Kinder bedanken sich für die interessanten Informationen und laufen los. Der Rückweg erscheint ihnen viel kürzer als der Hinweg.

Ein Ausflug zur Talsperre Diepental

„Da habt ihr aber viel erfahren", sagt Pauls Mutter, als Paul ihr von der Besichtigung der Kirche erzählt.

„Aber in Bergisch Neukirchen gibt es noch mehr zu sehen. Wenn ihr einen wirklich tollen Ferientag erle-ben wollt, müsst ihr bis zur Haltestelle Talsperre Diepental in Pattscheid fahren." Am nächsten Tag strahlt die Sonne vom blauen Himmel. Das ist genau das richtige Wetter für einen solchen Ausflug. Diesmal fahren sie mit dem Bus. Leon und Lisa sind wieder mit dabei. „Wie schnell es jetzt den Berg hoch geht", meint Leon, als der Bus die Bur-

scheider Straße hinauffährt.
„Viel schneller als bei unserer
Wanderung." Bald kommt der
Kirchturm von Bergisch Neukirchen wieder in Sicht, aber
heute geht es weiter. „Seht mal,
dort links", ruft Lisa, „auf dem
alten Fachwerkhaus steht die
Jahreszahl 1766." „Und da ist
noch eines von 1782", fügt
Leon hinzu. Mit ihren schwarzen Holzbalken auf dem weißen
Putz, den kleinen, durch weiß
gestrichene Sprossen unterteil-
ten Fensterscheiben, den grünen Fensterläden und den bunten Blumenkästen fallen diese
Häuser sofort auf. Weiter geht
es an Wiesen und Feldern vorbei, bis plötzlich das Ortsschild
von Pattscheid auftaucht.
Kurz darauf erblicken die Kinder
noch zwei schöne Fachwerkhäuser, eines aus dem Jahr
1719 und eines sogar von 1657
mit einem liebevoll gemalten
Bibelspruch über der Tür. In dem
besonders stattlichen Fachwerkhaus gegenüber befindet
sich eine Gastwirtschaft mit
Biergarten. Vor lauter Staunen
vergessen die Kinder beinahe,
dass sie in Pattscheid aussteigen wollen. „Dort hinter dem
großen Gebäude der Firma

Illbruck liegt der alte Bahnhof
Pattscheid", erklärt Paul. „Meine
Mutter hat mir erzählt, dass
hier früher ein kleiner Zug mit
einer Dampflokomotive hielt,
der bis Burscheid fuhr. Eine
solche Bimmelbahn haben die
Leute benutzt, als es noch nicht
so viele Autos und Busse gab."
Auf der linken Straßenseite
entdecken die Kinder ein Schild
mit dem Hinweis „Talsperre
Diepental". „Da müssen wir
hinunter gehen, wenn wir zur
Diepentalsperre wollen", weiß
Leon. Als sie unten im Tal ange-
langt sind, laufen sie gerade-
wegs auf einen schönen, großen See zu. Lisa staunt: „Das
ist hier ja wirklich wie in den

Talsperre Diepental

Ferien. So toll hätte ich mir das nicht vorgestellt." Die Kinder entdecken eine Minigolfanlage und einen Campingplatz. Auf dem See sind viele Ruderboote unterwegs. Dazwischen schwimmen schnatternd Gänse und Enten. Am Ufer lagern Schwäne. Vor dem Gasthof

„Haus Diepental" sitzen Leute auf der Terrasse, trinken Kaffee, essen Eis und Kuchen. „Lasst uns doch Bötchen fahren", schlägt Paul vor. Die anderen sind begeistert. Gemeinsam rudern sie auf den See hinaus. Sie lassen die Hände durch das klare Wasser gleiten und freuen sich über den warmen Sonnenschein. Am Ufer erblicken sie steile, dicht bewaldete Hänge. „Fast wie im Schwarzwald", meint Paul.

Am Nachmittag fahren die Kinder wieder mit dem Bus zurück. Sie sind sich einig: Das war der schönste Tag in den großen Ferien.

Lützenkirchen
Quettingen

Ein Geschenk
für Oma Lena

Ein Geschenk für Oma Lena

Die Zwillinge Lisa und Leon, Freunde von Paul und Paula, wohnen in Quettingen auf der Quettinger Straße. Sie sind zehn Jahre alt und gehen in die vierte Klasse. Ihre Lieblingsoma heißt Oma Lena. Sie hat bald Geburtstag, aber nicht irgendeinen: Sie wird siebzig Jahre alt! Ein großes Geburtstagsfest soll es geben! Die ganze Familie ist mit den Vorbereitungen beschäftigt. Lisa und Leon haben sich ein besonderes Geschenk ausgedacht. Sie wollen Oma Lena ein Album über Quettingen und Lützenkirchen schenken, mit Fotos, Zeichnungen und sogar mit selbst geschriebenen Texten.

Oma Lena heißt mit ganzem Namen Lena Lützenkirchen.

Sie ist in Lützenkirchen geboren und in Lützenkirchen in die Schule gegangen. Sie hat in Lützenkirchen geheiratet und wohnt immer noch in Lützenkirchen, und zwar auf der Lützenkirchener Straße. Sie kennt hier fast jedes Haus und sehr viele Leute. Oma Lena weiß tolle Geschichten über Quettingen und Lützenkirchen zu erzählen: von den vielen Bauernhöfen, die es dort früher gab; von den Straßen, die keine Asphaltdecke hatten;

von der Straßenbahn, die von Opladen über Quettingen nach Lützenkirchen fuhr; von den wenigen Häusern; von den Mühlen am Wiehbach und von den vielen Wiesen und Obstbäumen.

Jetzt sitzen Lisa und Leon mit ihren Freunden Paul und Paula zu Hause am großen Tisch in der Küche. Sie sind ganz aufgeregt. Heute Nachmittag haben sie viel vor! An den Tagen vorher sind sie mit ihren Rädern durch Quettingen und Lützenkirchen gefahren, haben geschaut, gelesen, gefragt, gezeichnet und fotografiert. Heute wollen sie zusammentragen, was sie alles herausgefunden und erfahren haben.

Auf dem Tisch liegen Fotos, Zeichnungen, Postkarten, Prospekte, Zettel mit Notizen und ein wunderschöner blauer Ordner. Blau ist nämlich Oma Lenas Lieblingsfarbe! Die Kinder überlegen, was sie in ihr Album aufnehmen wollen. Sie sind sicher: „Was wir schön finden, gefällt auch Oma Lena!"

Wiehbach oder Wiembach

Leon ist nicht mehr zu bremsen. Er fängt einfach an zu erzählen: „Im Sommer ist es in Lützenkirchen und Quettingen am Wiehbach am schönsten", schwärmt er. „Da kann ich in der Sonne oder im Schatten spielen, die Füße ins Wasser halten und Papierschiffchen schwimmen lassen. Für mein Mountainbike ist der schmale Weg am Wiehbach entlang gerade richtig!" „Den Bach gibt es nicht nur in Lützenkirchen und Quettingen", sagt Lisa. „Ich habe gelesen, dass er seine Quelle in Burscheid hat und in Opladen in die Wupper mündet. Die Lützenkirchener und Quettinger nennen ihn

‚Wiehbach'. In Opladen heißt er ‚Wiembach'." Paul hat den Bach auf dem Stadtplan gefunden: „Hier auf dem Plan heißt er aber überall ‚Wiembach'!" „Ja", sagt Leon schmunzelnd, „Oma Lena kann es nicht verstehen, dass jemand den Namen einfach verändert hat, ohne die Lützenkirchener zu fragen!" „Am Wiehbach soll es auch Mühlen geben, aber ich habe noch keine gesehen!", meint Paula. „Früher gab es dort einige Mühlen", weiß Paul. „Die Mühlräder wurden durch das Wasser angetrieben. Zum Teil stehen die Gebäude noch, aber von einer Mühle kann man nichts mehr erkennen. Bei der Lehner Mühle in Lützenkirchen sind noch Mühlsteine zu sehen. Das war eine große Doppelmühle, in der sowohl Getreide zu Mehl gemahlen als auch Öl gepresst wurde. In der Pulvermühle im Wiehbachtal wurde Schießpulver hergestellt. Das war nicht ungefährlich. Mehrmals gab es dort eine Explosion!"

Die Biesenbacher Mühle

Paul nimmt eine Zeichnung vom Tisch. „Hier, das ist die Biesenbacher Mühle in Lützenkirchen. Ich war mit Leon

Biesenbacher Mühle um 1930

dort. Da haben wir Herrn Kollbach getroffen. Er hat als Kind in dieser Mühle gewohnt. Er kennt Oma Lena. Als er von ihrem Geburtstag und unserem Geschenk hörte, hat er uns viel über die Mühle erzählt. Und zum Schluss hat er uns noch diese wunderschöne Zeichnung geschenkt, selbst gemacht! Darauf kann man gut erkennen, wie die Mühle früher ausgesehen hat. Gestern hat er uns sogar noch ein kleines Heft gebracht mit einem Bericht über seine Kindheit in der Mühle. Er meinte lachend: ‚Dann habt ihr nicht ganz so viel Arbeit!‘"

Paul liest vor, während die anderen sich die Zeichnung ansehen: „Als ich laufen konnte, haben mich die vielen Maschinen im Keller und die Werkstatt im Haus begeistert. Hier konnte ich nach Herzenslust mit Rohren und Schrauben spielen. Da war auch noch das eiserne Wasserrad an der Seite des Hauses. Durch eine breite Eisenrinne wurde das Wasser des Wiehbaches, der vorher gestaut war, über das Wasserrad gebracht und drehte

es Tag und Nacht. Dabei machte das herabfallende Wasser einen Höllenlärm. Im Winter, wenn sich lange Eiszapfen am Wasserrad bildeten, knackte und krachte es im ganzen Haus. Im Sommer dagegen war die Wasserrinne eine beliebte ‚Badeanstalt‘ für uns Kinder. Die ehemalige Ölmühle diente fast fünfzig Jahre lang als Wasser-Pumpstation für Quettingen und Lützenkirchen. Sie pumpte das Wasser aus den umliegenden Brunnen hoch in den Wasserturm ‚Auf der Ohmer‘. Manchmal durfte ich mit meinem Vater über die steile Leiter bis zum Rand des Wasserbehälters hochklettern. Unten im Turm war sogar eine Gefängniszelle. Sie ist aber nie

Biesenbacher Wehr bei Hochwasser

benutzt worden. Längst ist aus der Mühle ein ganz normales Wohnhaus geworden, nichts erinnert mehr an die Mühlenvergangenheit!"

Der Teufelsstein im Bürgerbusch

Paula hat ein Foto aus dem Stapel genommen: „Das ist mein Lieblingsplatz in Lützenkirchen", flüstert sie und schüttelt sich. „Er liegt im Bürgerbusch. Mama sagt, dass diese Stelle im Stadtplan eigentlich schon zu Alkenrath gehört".

„Der Teufelsstein", rufen die anderen gleichzeitig, denn sie sind alle schon mit Oma Lena dort gewesen.

„Ich finde ihn so geheimnisvoll", meint Paula. „Niemand weiß genau, woher er kommt! Manche behaupten, er sei vom Himmel gefallen, andere sagen, er stamme aus der Eiszeit, wieder andere behaupten, der Teufel selbst habe ihn in den Bürgerbusch gebracht. Jedenfalls ist er schon sehr, sehr alt. Und wenn ich genau hinschaue, dann sieht er für mich wie ein Tier aus, wie eine Kuh oder so ähnlich".

„Teufelsstein, woher hat er diesen Namen?", fragt Paul. Das weiß Lisa von Oma Lena: „Es gibt ganz viele spannende Geschichten über den Teufelsstein. Die mag ich nicht so sehr, weil ich danach nicht schlafen kann. In allen Geschichten kommt der Teufel vor. Wenn die Menschen früher etwas Böses, was sie ängstigte, nicht erklären konnten, dann sagten sie: „Das ist vom Teufel!" Seinen ursprünglichen Platz hatte der Teufelsstein im Sumpfgebiet weiter links von seinem heutigen Standort, näher zur Autobahn hin.

Herr Wichmann, Papas Freund, hat mir dazu eine kleine Geschichte aufgeschrieben: „Es war eine etwas unheimliche Gegend, an der der Teufelsstein früher lag, dicht bewachsen und sumpfig. Als ich etwa acht Jahre alt war, hatte ich einen Freund, der war fünf Jahre älter als ich. Wir kamen gut miteinander aus, aber manchmal gab es doch Ärger und Streit, wie das so unter Freunden ist. Jedenfalls, wenn ich ihn geärgert hatte, musste ich zur Strafe mit ihm zum Teufelsstein gehen. Das letzte Stück ließ er mich allein zurücklegen. Es gab keinen Weg, ich zwängte mich durch dichtes Gestrüpp und rutschte auf dem feuchten Boden. Die Stelle im Wald war düster und ich hatte Angst, denn mir fielen dort alle gruseligen Geschichten ein, die ich über den Teufelsstein gehört hatte. An den Stein kam man nicht heran, er lag im Wasser und war nur zur Hälfte zu sehen.

Der Bergische Löwe

Der Bergische Löwe

„Habt ihr schon den neuen Löwen auf dem Lützenkirchener Marktplatz gesehen?", fragt Leon. „Ein Löwe in Lützenkirchen?" Paul und Paula wundern sich: „Ein echter Löwe? Hat ein Zirkus bei euch Station gemacht? Oder ist irgendwo ein Löwe ausgebrochen?" „Nein, zum Glück nicht!", erwidert Leon. „Auf dem Marktplatz steht seit kurzem ein Denkmal mit einem Löwen. Der hat eine Krone auf dem Kopf und zwei Schwänze und streckt die Zunge raus!" „Ich habe noch nie einen Löwen mit einer Krone gesehen, erst recht nicht mit zwei Schwänzen", lacht Paula. Lisa erinnert sich: „Ich habe schon einen gesehen. Und zwar auf einem Gedenkstein. Er steht in Lützenkirchen an der Lützenkirchener Straße in einer Grünanlage, vorne zur Straße hin. Er hat etwas damit zu tun, dass es früher in Lützenkirchen ein Gericht gab. Das muss sehr wichtig gewesen sein, denn es war nicht nur für Lützenkirchen zuständig, sondern auch für die schwierigen Fälle aus der Umgebung. Es hatte sogar einen Henker in seinen Diensten. Ich hoffe, dass er nicht viel zu tun hatte! Der Richter hatte Helfer, das waren die Schöffen. Sie hatten ein eigenes Siegel. Das ist so etwas wie ein Stempel für wichtige Briefe und Urkunden. Dieses Siegel kann man auch auf dem Gedenkstein sehen. Darauf ist der gleiche Löwe abgebildet, darunter eine Birne mit zwei Blättern. Das ist der ‚Bergische Löwe'. Er stammt aus dem Wappen der Grafen und Herzöge von Berg, die viele Jahrhunderte das Bergische Land regiert haben."

Gedenkstein mit dem Schöffensiegel von Lützenkirchen

Maurinus und die Maurinuskirche

„Lützenkirchen", überlegt Paula, „was bedeutet der Name?"
„Oma Lena hat ihn uns erklärt", sagt Leon. „Vor vielen hundert Jahren hieß es nicht Lützenkirchen, sondern ‚Lutzelenkerke', auch ‚Lutzelinkirgen' und das bedeutet ‚kleine Kirche'." „Aber die Maurinuskirche in Lützenkirchen ist doch gar nicht klein!", entgegnet Paula. „Die ist doch riesig!" Lisa lacht: „Viele hundert Jahre lang war in Lützenkirchen die Kirche wirklich klein. Sie stand auf dem Annaberg, gleich neben der Annakapelle. Auf dem Platz der alten Kirche steht heute ein großes Kreuz. Vor etwa einhundertfünfzig Jahren war diese Kirche zu klein geworden. Außerdem hätte sie dringend repariert werden müssen. Die Besucher des Gottesdienstes mussten oft draußen stehen, auch bei Kälte und Regen. Die Kirche wurde abgerissen und auf einem anderen Grundstück viel größer neu gebaut. Die

Steine der alten Kirche verwendete man für die Grundmauern der neuen, der heutigen Maurinuskirche." Leon ergänzt: „Wir gehen öfter mit Oma Lena in die Maurinuskirche. Sie gefällt mir, weil sie innen so weit und so hell ist und schöne große, farbige Fenster hat. Vorne rechts in der Nähe des Altars steht eine Muttergottesfigur, die ist siebenhundertfünfzig Jahre alt. Sie stammt noch aus der alten, kleinen Maurinuskirche."

„Die Kirche hat aber einen seltsamen Namen", sagt Paul. „Maurinus, nie gehört!" „In Quettingen und Lützenkirchen gibt es den Namen öfter", antwortet Leon. „Weil beide Orte früher zusammen gehörten. In Quettingen gibt es die Maurinusstraße, die Maurinusquelle und die Maurinusapotheke, in Lützenkirchen die Maurinuskirche, das Pfarrheim St. Maurinus, den Maurinus-Kindergarten und das Haus Maurinus, das ist ein Haus, in dem behinderte Menschen wohnen." „Ich möchte nicht Maurinus heißen!", sagt Paul. „Ich kenne auch niemanden mit

diesem Namen", lacht Lisa. „Aber vor über tausend Jahren hat jemand gelebt, der so geheißen hat. Das weiß ich von Oma Lena. Wartet, ich lese euch etwas über diesen Maurinus vor: ‚Maurinus lebte in Köln, wahrscheinlich als Leiter eines Krankenhauses oder Pflegeheimes. Vor etwa tausend Jahren fand man beim Neubau der Kirche St. Pantaleon in Köln einen Steinsarg. Darauf stand, dass Maurinus an einem

Muttergottes von Lützenkirchen

St. Maurinus-Kirche

10. Juni erschlagen wurde, weil er Christ war. Das Todesjahr stand leider nicht dabei.'"

Lisa erzählt weiter: „Ich war mit Oma Lena in Köln, in der Kirche St. Pantaleon. Sie hat mir dort einen großen, sehr kostbaren Kasten gezeigt. Er sah aus wie ein kleines Haus, ganz aus Gold und mit großen und kleinen Edelsteinen geschmückt. Aber es ist kein Haus, sondern ein Schrein, ein Sarg, in dem Maurinus wieder neu beerdigt worden ist."

Quettingen – ein schwieriger Ortsname

Paul meint: „Jetzt weiß ich, was der Name Lützenkirchen bedeutet. Aber was bedeutet Quettingen? Das hört sich so nach ‚quetschen' an. Außerdem habe ich jedes Mal Probleme, wenn ich euren Straßennamen schreiben soll!" „Das nervt mich auch", sagt Leon. Lisa antwortet: „Oma Lena hat mir erklärt, dass niemand die Herkunft des Namens genau kennt. Es kann sein, dass vor mehr als tausend Jahren jemand mit dem Vornamen ‚Qued' hier wohnte, nach dem man dann den Ort benannt hat. Die Bezeichnung hat sich oft verändert. Könnt ihr euch vorstellen, dass man statt Quettingen früher auch ‚Quytekim' und ‚Quietigheim' schrieb? Das war noch komplizierter als Quettingen!" Die Kinder lachen.

Der Mönchhof

Leon hält ein Foto in der Hand: „Das ist der Mönchhof, vielmehr das, was man von der Straße aus davon sieht." Paula ist verwundert: „Mönchhof? Leben da Mönche? Gibt es denn in Quettingen ein Kloster?" „Nein", sagt Leon. „Aber von Oma Lena weiß ich, dass der Hof viele Jahrhunderte zum Kloster Altenberg gehörte. Vor zweihundert Jahren wurde er verkauft und ist seitdem in Privatbesitz. Er war der größte Bauernhof in Quettingen.

Viele riesige Felder und das Gebiet, auf dem heute die Siedlung ‚Am Quettinger Feld' steht, gehörten dazu. Die Schulkinder bekamen damals schulfrei, wenn sie auf den Feldern die Kartoffelkäfer einsammelten. Bis vor ein paar Jahren hat Mama auf dem Mönchhof Obst und Gemüse gekauft.

Die Hähnchen, die es dort gab, schmeckten besonders gut! Heute sind in den ehemaligen Hofgebäuden Büros, Geschäfte und Garagen untergebracht. Das Wohnhaus der Besitzer steht aber noch."

Haus Ahnen

Nun möchte Lisa von ihrem Lieblingshaus in Quettingen reden. Sie geht oft dort vorbei und schaut sich den schönen Garten und die Blumen vor den Fenstern an.

Es ist kein Schloss, auch keine Burg und keine Luxusvilla mit Schwimmbad. Schlösser und Burgen gibt es in Quettingen auch nicht. Aber Luxusvillen kann man schon hier finden. Eine davon gehört Rudi Völler, dem ehemaligen Nationalspieler, Weltmeister und Trainer der deutschen Fußball-Nationalmannschaft. Lisa zeigt ihren Freunden ein Foto von einem Haus mit weißen Mauern, schwarzen Balken und grünen Fensterläden: ein Fachwerkhaus.

Früherer Mönchhof an der Quettinger Straße

Haus Ahnen an der Rolandstraße

Es sieht so frisch aus, wie wenn es gerade gestrichen wäre. Die bunten Blumen machen es freundlich und einladend. Das Haus ist schon sehr alt, mehr als dreihundert Jahre! Lisa war schon öfter mit Oma Lena zu Besuch bei Familie Ahnen, die dort wohnt. Sobald man die schmale Treppe in den ersten Stock hinaufgegangen ist, steht man auf knarrenden Holzdielen im Flur. Der Fußboden ist schief, weil die Holzbalken, die ihn tragen, im Laufe der Jahrhunderte ihre Lage verändert haben. Der Boden darf nicht mit zu vielen Personen oder zu schweren Möbeln belastet werden. Das würde er nicht aushalten. Und die Decken sind ganz niedrig. Tante Maria, Oma Lenas beste

Freundin, wurde in dem Haus geboren. Sie hat Lisa erzählt, dass ihr Vater sich im Erdgeschoss eine Schusterwerkstatt eingerichtet hatte, in der er die Schuhe seiner ganzen Familie reparieren konnte.

Besonders schön findet Lisa den Garten. Nicht nur wegen der hohen Fichten, die so dicht stehen, dass man sich zwischen ihnen verstecken kann. Es gibt auch einen großen Teich und eine Eisenbahn. Lisa freut sich jedes Mal, wenn Herr Ahnen für sie die Züge durch den Garten fahren lässt! Das Haus steht in der Rolandstraße, ist aber von dort aus kaum zu erkennen. Die vielen Bäume verdecken den Garten und das Haus. Ein kleiner Weg führt zum Haustor. Inmitten der modernen Wohnhäuser ringsum wirkt das Fachwerkhaus wie eine kleine Urlaubsinsel. Das ist es, was Lisa so gefällt!

Maurinusquelle

Paul und Leon haben noch etwas zu berichten. Sie waren mit ihren Rädern am Wiehbach, diesmal in Quettingen. Sie sind eine wunderbare Strecke gefah-

ren, den Bach entlang, einen schrägen, schmalen Weg, der an manchen Stellen sehr matschig war. Zweimal mussten sie absteigen, weil umgestürzte Bäume quer über dem Weg lagen. Dass sie einmal fast in den Wiehbach gerutscht wären, erwähnen sie nicht!
Unterwegs haben sie an der Maurinusquelle gehalten.
Da lagen leere Pappbecher und Plastiktüten herum.
Kein schöner Anblick!
Das Wasser floss nicht aus dem dafür vorgesehenen Rohr,

Maurinus-
quelle

sondern kam irgendwoher und bahnte sich als dünnes Rinnsal seinen Weg in den Wiehbach. Dabei hatte es doch zwei Tage und Nächte nur geregnet. Von Oma Lena wussten die Kinder, dass die Quettinger früher staunend beobachten konnten, wie das Wasser aus dem Hügel austrat und dann ziemlich wild in den Wiehbach floss.

Vor siebzig Jahren gab es ein großes Fest in Quettingen, als einige Männer die Stelle mit einer Mauer einfassten und einen großen Stein aufstellten. Endlich hatte Quettingen eine Quelle. Sie gaben ihr den Namen „Maurinusquelle".

„Wir haben ja schon alles durchgearbeitet, was wir mitgebracht hatten", stellt Paul nach einem Rundblick über den Tisch plötzlich fest. Jetzt erst merken sie, wie schnell die Zeit vergangen ist. Sie verabreden sich für den übernächsten Tag, um rechtzeitig mit Oma Lenas Geschenk fertig zu werden.

Beim nächsten Treffen arbeiten sie zwei Stunden lang ohne Unterbrechung. Dann haben sie das Album vollendet. Sie sind sich einig: Das ist Oma Lenas schönstes Geburtstagsgeschenk!

Alkenrath

Alkenrath – eine Großsiedlung
im Grünen

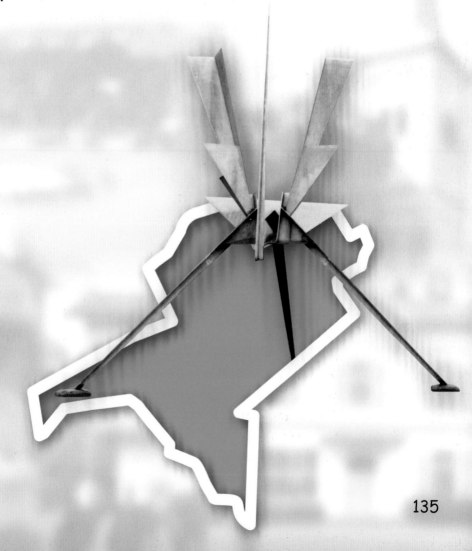

Alkenrath – eine Großsiedlung im Grünen

Wie ein neuer Stadtteil entstand

Paul und Paula sitzen im Wohnzimmer von Paulas Großvater. Großvater sitzt in seinem gemütlichen Sessel und schaut zu den beiden Kindern herüber: „Jetzt habt ihr so viel über die einzelnen Stadtteile von Leverkusen erfahren. Wie sieht es mit eurem eigenen Stadtteil Alkenrath aus?" Die Kinder schauen sich verblüfft an. Großvater hat Recht. Sie wohnen im Stadtteil Alkenrath und wissen ziemlich wenig über seine Entstehung. Großvater lehnt sich in seinem Sessel zurück und sagt: „Ich gehöre zu

Gutshof Alkenrath

den ersten Familien, die in die neu errichteten Wohnungen in Alkenrath eingezogen sind. Damals war Alkenrath eine einzige große Baustelle." Paul ist neugierig geworden und fragt: „Wann war denn das und wie sah es vorher hier aus?" Großvater antwortet: „Als ich das erste Mal nach Alkenrath kam, gab es hier nur Wiesen und große Getreidefelder. Die einzigen Häuser in dieser Gegend waren der Gutshof und die Gaststätte der Familie Iwanow. Sie waren Pächter des Gutshofes Alkenrath. Er befand sich ungefähr dort, wo heute die Maria-Terwiel-Straße beginnt." „Und wann entstand die Siedlung Alkenrath?", will Paula nun wissen. „In den Jahren nach dem Krieg, vor mehr als fünfzig Jahren, kamen immer mehr Flüchtlinge und Vertriebene nach Leverkusen. Sie wohnten zuerst in Notwohnungen, die viel zu klein und zu eng für sie waren. Die Stadt Leverkusen kaufte deshalb die Grundstücke in der Gegend des Gutshofes Alkenrath auf. Dann wurden zwei Wettbewerbe veranstaltet, bei denen bekannte Architekten

ihre Entwürfe für die heutige Siedlung Alkenrath einreichen konnten. Es sollte ein ganz neuer Stadtteil mit insgesamt 1600 Wohnungen entstehen. Viele Wohnungsgesellschaften beteiligten sich an diesem Großprojekt."

„Sie planten und bauten einen ganzen Stadtteil auf einmal?" erkundigte sich Paul erstaunt. „Ja", erwiderte Großvater lächelnd, „so entstanden neben den vielen Wohnungen und Eigenheimen auch Kirchen, Schulen, ein Kindergarten, Geschäfte, ein Marktplatz, eine Sparkassenzweigstelle und ein eigenes Postamt. 1959 musste auch das Gut Alkenrath den Baggern weichen." „Das hört sich ja sehr interessant an. Hast du Lust, mit uns durch Alkenrath zu gehen und uns mehr davon zu zeigen?", fragen die Kinder. Großvater ist mit dem Vorschlag einverstanden, steht auf und zieht sich Schuhe und Jacke an.

Sie verlassen die Wohnung, gehen durch die Straßen ihrer Siedlung und gelangen schließlich zu dem künstlichen Teich, der sich zwischen dem Bürgerbusch und der Alkenrather

Straße befindet. Auf der glatten Wasserfläche ziehen Entenpärchen ihre Kreise. Sie setzen sich auf eine Holzbank und schauen ihnen eine Weile dabei zu. „Ich bin gerne hier, weil es hier so schön ist", sagt Paula. „Ja", entgegnet Großvater, „es ist auch eine der schönsten Grünanlagen in Leverkusen."

Alkenrath und seine Straßen

„Was ist das für ein spitzes Gerüst da in der Mitte des Teiches?", will Paul wissen. Großvater antwortet: „Das ist ein Denkmal, das an den

Widerstand erinnern soll."
„Was bedeutet Widerstand?",
fragt Paul erstaunt.
„Vor vielen Jahren regierte
dieses Land ein Mann, der Adolf
Hitler hieß, und verursachte in
der Zeit seiner Herrschaft großes Unrecht. So hat er seinen
Nachbarländern den Krieg
erklärt und diese Länder von
seinen Soldaten erobern lassen.
Tausende von Menschen ließ er
in große Lager transportieren
und dort töten. Viele Menschen
in Deutschland ließen sich
damals von seinen Ideen ver-
führen. Andere schlossen sich
zu Widerstandsgruppen zusam-

men oder kämpften einzeln
gegen diese unmenschliche
Herrschaft. Widerstehen bedeutet, sich gegen etwas zu weh-
ren, was man nicht richtig findet. In Alkenrath wurden zwan-
zig Straßen nach Frauen und
Männern aus allen Schichten
der Bevölkerung benannt, die
sich gegen die Herrschaft
Hitlers wehrten und deshalb
getötet wurden. Dazu gehörten
die Geschwister Hans und
Sophie Scholl, Erich Klausener,
Elisabeth von Thadden und
viele andere. Das Widerstandsdenkmal auf dem Teich wurde
von Professor Hans Uhlmann
aus Berlin gestaltet, es soll
auch an die Schrecken des
Krieges erinnern und wurde
1960 feierlich eingeweiht. Es
haben damals 6000 bis 8000
Menschen an der Einweihung
des Denkmals teilgenommen."
Bevor sie an der Geschwister-
Scholl-Straße die Alkenrather
Straße überqueren, macht sie
Großvater darauf aufmerksam,
dass sich unter dem Straßen-
schild noch ein weiteres Schild
mit Informationen zu diesen
Personen befindet. Paul und
Paula sind sehr beeindruckt, als
sie lesen, wie jung Hans und

Sophie Scholl waren, als sie starben.

Großvater sagt: „Wenn ihr mehr über diese Menschen wissen wollt, könnt ihr euch an allen Straßenschildern die Informationen durchlesen oder euch in der Stadtbibliothek Bücher über diese Zeit ausleihen."

Auf den Spuren des Bürgerbuschbachs nach Schlebuschrath

Die Alkenrather Straße ist eine viel befahrene Durchgangsstraße. Wenn die Menschen morgens zu ihren Arbeitsstellen oder abends wieder nach Hause fahren, staut sich der Verkehr über die gesamte Straße. Zum Glück gibt es eine Fußgängerampel.

Auf der anderen Seite der Straße sehen sie das Otto-Massmann-Bürgerhaus. „Wer war eigentlich Otto Massmann?", erkundigt sich Paul beim Großvater. „Otto Massmann war ein früherer Ratsherr und der erste Vorsitzende des Bürgervereins Alkenrath. Er hat sich sehr für seinen Stadtteil eingesetzt und zum Beispiel erreicht, dass das

erste Bürgerhaus in dieser Stadt 1979 im Stadtteil Alkenrath entstand." Als sie an der Grünanlage angekommen sind, setzen sie sich auf eine Bank und schauen den Kindern beim Spielen zu, die auf den großen Wiesen sitzen oder am Bachlauf kleine Papierschiffe schwimmen lassen. „Woher bekommen die Teiche ihr Wasser?", fragt Paul den Großvater. „Aus dem Bürgerbuschbach, der dort hinten aus dem Bürgerbusch kommt und dann weiter unterhalb unterirdisch in die Dhünn geleitet

Erstes Bürgerhaus in Leverkusen Otto Massmann Haus

wird. Durch sein Wasser konnten diese künstlichen Teiche angelegt werden." „Alkenrath ist wirklich ein schöner Stadtteil!", finden die beiden Kinder. „Woher hat Alkenrath eigentlich seinen Namen?", fragt Paula ihren Großvater. „Das Wortteil ‚rath' stammt von ‚Rodung' und bedeutet, dass die Bäume eines Waldstücks gefällt wurden, um auf der freien Fläche ein Haus oder eine kleine Siedlung zu errichten. Es wird vermutet, dass sich vor vielen Jahrhunderten ein Mann namens Alko mit Familie in diesem Gebiet angesiedelt hat."

Früherer Standort der Kirche in Schlebuschrath

Der Rittersitz Schlebuschrath

Sie stehen auf und gehen am Bürgerbuschbach entlang zu einem kleinen Tunnel. Auf der anderen Seite des Tunnels sehen sie auf der rechten Seite einen kleinen Sportplatz. Großvater zeigt auf einige kleine Häuschen auf der linken Seite und sagt: „Hier standen einmal die Gebäude des Rittersitzes Schlebuschrath." Die Kinder schauen ihn erstaunt an. „Es gab einen richtigen Rittersitz hier in unserer Nähe?" „Ja", sagt Großvater, „Schlebuschrath war im Mittelalter ein bedeutender Ort im Tal der Dhünn und gehörte zum Kloster Altenberg. Hier befanden sich früher eine Kirche und eine Schule. Eine Zeitlang lebten hier sogar Amtmänner des bergischen Amtes Miselohe. Heute ist davon nichts mehr zu sehen." „Schlebuschrath?", überlegt Paula, „schon wieder ein ‚rath' wie Alkenrath, Hemmelrath oder Edelrath." „Schlebuschrath war damals größer und bedeutender als das heutige Schlebusch. Als dieser Ort aber später durch Handel, Gewerbe und

Industrie immer größer wurde, verlor Schlebuschrath immer mehr von seiner früheren Bedeutung. 1810 verlegten die Bewohner dieser Gegend den Gottesdienst von Schlebuschrath nach Schlebusch. 1828 wurde die Schlebuschrather Kirche abgebrochen. Drei Glocken dieser Kirche befinden sich heute noch in der St. Andreas-Kirche in der Schlebuscher Ortsmitte. Bei einer Ausgrabung im Jahre 1975 wurden auf diesem Feld die Grundmauern der früheren Kirche gefunden. Dabei entdeckten die Denkmalpfleger auch einen Sarg aus rotem Sandstein mit einem Muster, das an einen Tannenbaum erinnert. Ihr könnt diesen Sarg heute noch in der Pfarrkirche St. Johannes der Täufer sehen. Außerdem wurde bei den Ausgrabungen

Pfarrkirche St. Johannes der Täufer

das Grab eines Deutschordensritters entdeckt, der auf Schloss Morsbroich lebte." Paul und Paula wären gerne bei der Entdeckung dabei gewesen. „Es wurden bei diesem Fund nicht nur Knochen und Sargnägel, sondern auch Münzen, ein eiserner Mantelverschluss und ein Teil eines Kreuzes gefunden." ergänzt Großvater seinen Bericht. „Sogar der Selige Gezelinus soll hier unter der Dachrinne der Kirche beerdigt worden sein. Später brachte man seine Überreste in die St. Andreas-Kirche nach Schlebusch, wo sie sich heute noch befinden."

An der Gezelinkapelle

Großvater schaut die beiden Kinder an. „Lasst uns zum Abschluss unseres Spaziergangs noch zur Gezelinkapelle gehen", schlägt er Paul und Paula vor. Gemeinsam gehen sie die Wilhelm-Leuschner-Straße entlang zum Graf-Galen-Platz. Heute ist Markt. An der Pfarrkirche St. Johannes der Täufer überqueren sie die Fußgänger-

ampel und erreichen schon bald die Grünanlage vor dem Bürgerbusch, an der sich die kleine Kapelle befindet.

Als sie näher kommen, sehen sie Menschen, die Flaschen, Eimer und Kanister unter einen Hahn halten und sie mit Wasser füllen.

„Was machen die Leute mit dem Wasser?", fragt Paula.

„Du kennst doch die Geschichte vom Seligen Gezelin, der beim Schafehüten eine Quelle entdeckt hat", erinnert sie Paul, „das Wasser soll heilende Kräfte besitzen."

Großvater erzählt: „Das Quellwasser kommt aus dem Bürgerbusch und fließt unterirdisch bis zu diesem Platz. Ich erinnere mich an Zeiten, als die Quelle ganz versiegt war. Schon früher pilgerten Menschen hierher und holten sich Wasser.

Es soll gut gegen Augenkrankheiten sein. Heute kommen auch viele Menschen, die dem muslimischen Glauben angehören und holen sich Wasser für besondere religiöse Waschungen. Sie kommen manchmal sogar von weit her. Aber auch zum Teekochen ist das Wasser gut geeignet."

Sie gehen zum Eingang der Kapelle. „Wie lange steht die Gezelinkapelle an diesem Platz?", fragen die Kinder. Großvater antwortet: „Vor fast sechshundert Jahren gab es bereits eine Kapelle in der Nähe der Quelle. Im Jahre 1659 ließ der Verwalter des Deutschen Ordens, der auf Schloss Morsbroich lebte, eine neue Kapelle errichten. Er hieß Heinrich von Reuschenberg. Sein Wappen könnt ihr dort oben sehen. Ungefähr zweihundert Jahre später war die Kapelle so baufällig, dass sie bis zu den Grundmauern abgerissen und neu gebaut wurde." Als sie einen Blick in das Innere der Kapelle werfen, erkennen sie über dem Altar eine Holzfigur, die den Schäfer Gezelin darstellt. Über ihm ist ein weiteres Wappen des Deutschen Ordens angebracht.

B. GEZELINI.

Als sie durch die Siedlung zurück nach Hause gehen, sagt Paula zu ihrem Großvater: „Ich werde meiner Lehrerin von diesen interessanten Geschichten erzählen. Vielleicht kann sie uns noch mehr über die Entstehung von Alkenrath und Schlebuschrath erzählen."

Erklärungen zu schwierigen Wörtern im Buch

Abhang Hang, Böschung
ableiten aus etwas stammen
Abstecher Eine kleine Reise, ein Umweg
Abstrakt nur gedacht, ungegenständlich
Abwasser durch Gebrauch verschmutztes abfließendes Wasser
Ackerland Feld
Adlige Mitglied eines Standes, der mit besonderen Rechten ausgestattet war
Advokaten Rechtsanwälte
Aktionsgemeinschaft Vereinigung, in der die Mitglieder etwas gemeinsam machen wollen
allmählich langsam, mit der Zeit
Altarbild Bild über dem erhöhten Aufbau (Tisch) vorne in der Kirche
Altentagesstätte Gebäude, in dem sich alte Menschen tagsüber treffen können
Altmetall Alteisen, Schrott
Amtmann früherer Verwalter eines bestimmten Gebietes (Amt)
Amtsgericht Gericht
Amtssitz der Sitz einer Behörde, z.B. des Bürgermeisters
angesehen geachtet, geehrt, bekannt
angestellt beschäftigt
ankern anlegen, den Anker werfen
Anlage Öffentliche Grünfläche
Anlage für einen bestimmten Zweck angelegte Bauten
ansehnlich beeindruckend
anziehen anlocken
Appretieren Veredeln, verfeinern von Textilien
Appretur Veredelung von gewebten Stoffen
Arbeiterkolonie Wohnsiedlung, in der überwiegend Arbeiter wohnen

Arkaden Zur Straße hin offener Bogen an Gebäuden
Asphaltdecke Straßenbelag
Attraktionen Glanzpunkt
auf dem Schild führen auf dem Schild aufgemalt
Aufbau Giebelaufsatz
Aufenthaltsraum Raum, in dem man sich aufhält, wenn kein Einsatz ist
Aufschrift Beschriftung
aus der Feder stammt er hat geschrieben
Ausbesserungswerk Reparaturbetrieb
Ausflügler Erholungssuchende
ausgiebig gut, reichlich und längere Zeit andauernd
ausrichten jemandem etwas mitteilen
Aussetzen an einen bestimmten Ort bringen und dort sich selbst überlassen
Ausstellungsstücke Gegenstände, die im Museum gezeigt werden

Backsteinbasilika langgestreckter, rechteckiger Kirchenbau, dessen Steine von Außen zu erkennen sind
Bahnstation Bahnhof, Haltestelle
Barock Vor 300–400 Jahren Stil in der europäichen Kunst. Im 17./18. Jahrhundert mit besonders prächtigen Formen
Baumsarg Sarg aus einem Baumstamm
Bauunternehmen Firma, die Bauten erstellt
Bedienstete Arbeitnehmer/Diener
befeuern heizen
Beiname zusätzlicher Name
Beinkleid Hose

144

bereitwillig gerne bereit sein,
etwas zu tun

Bergische, das vom Bergischen
Land her

besiedelt bebaut, von Menschen
bewohnt

Besitzerwechsel erfolgt, wenn ein
Gegenstand von einem Besitzer zum
anderen wechselt

Bezeichnung Namen

Bierbörse regelmäßig stattfindender
Markt mit vielen Bierständen

Bildtafel Bild, das aus mehreren Tafeln
besteht, Teil eines Bildes

Bodendenkmal Reste von historischen
Bauten unter der Erdoberfläche

Boulevard breite Straße

Brenner Gerät zum Aufheizen

Bronze Metallverbindung aus Kupfer
und Zinn

Bruch hier: Sumpfgelände

Brückenzoll Geld, das man für die
Benutzung einer Brücke bezahlen
musste

Bundesstraße besonders nummerierte
Straße, die durch mehrere
Bundesländer führen kann

Bunkerstollen unterirdischer Gang zu
einem Unterstand (Bunker)

Bürgerhaus Treffpunkt für die Bürger
eines Stadtteils

Bürgermeisteramt Haus, in dem der
Bürgermeister seinen Sitz(Büro) hat

Bürgermeisterei Gemeindeverwaltung

Bürgerzentrum Ein Haus, in dem
sich die Einwohner einer Stadt zu
Beratungen und Veranstaltungen
treffen können

Büste Werk eines Bildhauers, das den
Kopf eines Menschen bis zu den
Schultern darstellt

Carbonit Sprengstoff

Chemieabfall Produktionsreste,
die nicht mehr benötigt werden
und entsorgt werden müssen

Chemiepark Industriegelände im
Bayerwerk, auf dem verschiedene
Firmen untergebracht sind, die mit
Bayer zusammenarbeiten.

City die Stadtmitte mit Geschäften

City-Point Treffpunkt in der Innenstadt

daraus schließen daraus folgern

davon zeugen bestätigen

Deich Damm

Denkmalschutz Die Erhaltung eines
alten Gebäudes, an dem man etwas
über frühere Zeiten lernen kann

Deponie Müllabladeplatz

dienen für jemanden arbeiten,
nützlich sein

Direktionsgebäude Haus, in welchem
die Firmenleitung ihren Sitz hat

drohen hier: bevorstehen

Dunkelbier besondere dunkle Biersorte

dünne Besiedlung gering bewohnt

Dynamitfabrik Fabrikationsstätte für
den Sprengstoff Dynamit

E

Ehebruch Untreue

eingebunden verbunden

eingehend ausführlich

eingelassen eingebaut

Einkaufspassage viele Geschäfte unter einem Dach

Einnahmequelle wo das Geld, der Verdienst herkommt

Einsatz Gesamtheit aller Tätigkeiten, die die Feuerwehrleute an der Einsatzstelle zur Abwehr einer Gefahr durchführen

Einsiedlerin Einzelgängerin

einspeisen zuführen

einweihen ein Bauwerk nach seiner Fertigstellung in einem Festakt seiner Bestimmung übergeben

Empore Eine Art Balkon im Inneren von Gebäuden

Energieerzeugung Herstellung von physikalischer Kraft, die z.B. zum Antrieb von Maschinen notwendig ist

Energieversorgung Unternehmen, das die physikalische Kraft (Strom, Gas, Fernwärme) für Leverkusen bereithält

entsorgen vernichten, wegwerfen

erdrosseln erwürgen

Erker Vorbau im oberen Teil eines Gebäudes

erklimmen hinauf steigen

Erlebnisausstellung Ausstellung, bei der ständig etwas stattfindet

erstrecken sich ausdehnen

ertränken im Wasser versenken

etliche einige

existieren bestehen, vorhanden sein

F

Fabrikanlage ein Gelände mit Industriegebäuden

Fabrikant Hersteller

Fabrikschlote Schornsteine einer Fabrik

Fachwerkhäuser Häuser, deren Wände aus einem Balkengerüst bestehen. Die Zwischenräume wurden mit geflochtenen Zweigen und Lehm ausgefüllt.

Fährbetrieb das Übersetzen von Fahrzeugen oder Personen mit einem Schiff über einen Fluss

Fassaden vordere Seiten eines Hauses

Fensterladen Holzklappen, zum Verschließen der Fenster

Fernstraße Straße, die über sehr große Entfernung verläuft

fertigen herstellen

Feuersteinbeil ein Beil aus Quarzstein der vorgeschichtlichen Menschen

Flussbett Wo der Fluss drin liegt

Flusslauf der Weg des Flusses

Flutlicht Licht von besonders starken Scheinwerfern, z.B. im Stadion

Förderverein Verein zur Unterstützung

Forum öffentlicher Platz für Veranstaltungen, hier: das Leverkusener Kulturzentrum, hier finden Konzerte, Theater und Filmvorführungen und andere Veranstaltungen statt

Frankfurter Messe Große Verkaufsveranstaltung in Frankfurt

Freiherr Adliger

Frischemarkt Markt mit ganz frischen Sachen

Fuhrwerke von Pferden gezogene Karren oder Wagen zum Transport von Gegenständen

Fundstücke archäologische Fundsachen

Furt seichte Stelle eines Flusses

Fußgängerzone Bereich in der Stadtmitte, in dem kein Autoverkehr erlaubt ist

Gebeine Knochen von Toten

Geblöke das Schreien von Rindern und Schafen

Gedenksäule Pfeiler zur Erinnerung

Gefolgsleute Anhänger von jemandem

Gelände Landschaft, Fläche in ihrer natürlichen Beschaffenheit

gelten angesehen werden

Gemeinde anderes Wort für Dorf oder Stadt

Gemeindeväter Stadtverordnete, Ratsherren

Gemeindevorsteher Der Vertreter des Bürgermeisters

Gemeindezentrum der Mittelpunkt der Gemeinde

Geröll Gestein

Gesamtschule
Schule, in der mehrere Schulformen vereinigt sind, wie zum Beispiel Hauptschule, Realschule und Gymnasium

Geschäftswelt die Welt des Handels und des Verkaufs

Geschehen, das die Veranstaltung

gespeist werden versorgt werden

getäfelt mit Holz verkleidet

gewachsen entwickelt, groß geworden

Gewand Kleid

Gewebe Textilien

Gewerbebauten Fabrikgebäude, Verkaufsgebäude

Gewerbebetrieb Fabrik

Gewerbegebiet Fläche mit Industrie- und Handwerksbetrieben

Giebel der spitz zulaufende, dreieckige, obere Teil der Wand eines Gebäudes, der zu beiden Seiten von dem schräg ansteigenden Dach begrenzt wird

Girlanden Gebinde aus Blumen, Papier, welche zum Schmuck aufgehangen werden

Glockenspiel mehrere Glocken spielen zusammen eine Melodie

Gotteshaus Kirche

Grün Blumen und Pflanzen

Gründung Bildung

Güter Waren

Gütertransport Warentransport

Güterzug Eisenbahnzug zum Transport von Gegenständen und Waren

Gutshof größerer Bauernhof

Handelshaus Haus eines Kaufmannes mit Warenlager

Handelspartner Geschäftspartner

Handelsstadt Stadt mit vielen Geschäften

Handwebstuhl Gerät zur Herstellung von Geweben, das mit Händen und Füßen angetrieben werden muss

Harley Amerikanischer Motorradhersteller

Hauptlandesgericht früheres Gericht

Hefewecken Hefebrötchen

Heilwasser Wasser, welches gesund macht

Heimatmuseum Haus, in dem Gegenstände aus der Geschichte eines Ortes gezeigt werden

Heimatverein Verein, der die Kultur des Herkunftslandes, des Geburtsortes pflegt

Henker Scharfrichter
herleiten abstammen
Herrschaftsgebiet Bereich, über den man herrscht und Macht ausübt
hervorlugen hervorblicken
historisch geschichtlich
hoch angesehen sehr geachtet
Hofanlage Großer Bauernhof mit mehreren Gebäuden
Hohlweg tiefliegender Weg mit hohen Rändern
hold hübsch
Holzdiele Brett, Fußboden
Hölzer hier: Baumstämme
Horizont Linie in der Ferne zwischen Himmel und Erde
Husar Soldat, Reiter

ihren Dienst versehen arbeiten
im Angebot haben anbieten, verkaufen
in Fahrt kommen sich in Bewegung setzen
Industrialisierung Bau von Fabriken, Ansiedlung von Industrie. In der Geschichte bezeichnet das Wort den Zeitraum, in dem immer mehr Menschen in Fabriken arbeiteten und immer mehr Waren mit Maschinen hergestellt wurden, die vorher mit der Hand gemacht wurden
Industriedenkmal ein erhaltenswertes Gebäude, das an ein früheres Wirtschafts- oder Handelsunternehmen erinnert
Industriekauffrau Händlerin für Produkte der Industrie
Industriepioniere Fabrikanten, die neue Erfindungen anwenden

Innenhof eine von Gebäuden umschlossene Hoffläche
Innovationspark ein Gelände mit neuen Industrieanlagen

Kanzel Hochsitz, ein erhöhter Platz für den Pfarrer bei Predigten
karg unergiebig, ärmlich
Karre kleiner Transportwagen
Kautabak Tabak, der im Mund gekaut wird
Kiesgrube Grube mit Steinen aus einem ehemaligen Flussbett
Kiosk Verkaufsstand
Kirchspiel altes Wort für Pfarrgemeinde
Klärwerk Anlage zum Säubern von Abwässern
Klinker hartgebrannter Ziegelstein
Kolonie Wohnsiedlung
Kompromiss Abmachung, Übereinkommen
Komtur
Verwaltungsstelle eines geistlichen Ritterordens
Korn eine Art von Schnaps
Kotten Hütte
kurioserweise auf seltsame Art und Weise
Kuriosum Merkwürdigkeit
Kutscher Lenker eines Pferdewagens

Lachs eine Fischart
Landwirtschaft Ackerbau und Viehzucht
Lapislazuli ein blauer Edelstein
Lebensmittelpunkt der Ort, an dem

man sich meistens aufhält

Legende eine Erzählung, von der man nicht genau weiß, ob sie wahr ist oder nicht

lodern brennen

Löschzug taktische Einheit der Feuerwehr. Der Löschzug besteht aus einem Zugtrupp mit einem Einsatzleitwagen und zwei Löschgruppen mit jeweils einem Löschgruppenfahrzeug

Luminaden Name der zentralen Einkaufspassage in Wiesdorf

Manager Wirtschaftsführer, Boss

markieren kennzeichnen

Meeresspiegel
Bestimmter Wasserstand des Meeres, der als Grundlage für Höhenmessungen auf dem Festland dient

Mittelalter Zeit zwischen Altertum und Neuzeit in der europäischen Geschichte

Mündung die Stelle, an der ein Fluss in einen anderen Fluss fließt

Muslime Angehörige des islamischen Glaubens

Nächstenliebe christliches Gebot der Barmherzigkeit und der Mildtätigkeit

Namenspatron Name des Schutzheiligen

Naturerlebnispfad Weg, auf dem man die Natur direkt sehen und erleben kann

Naturgut Bauernhof in altem, natürlichem Zustand

nicht mit rechten Dingen zugehen nicht richtig sein

Niedrigwasser Ebbe

Notare staatlich vereidigte Juristen, die Verträge und Rechtsgeschäfte beglaubigen dürfen

Obstgut Bauernhof, auf dem Obst angebaut wird

Organist Musizierender an der Orgel

Orientierung Das sich zurechtfinden

Ornamente Verzierung, schmückendes Muster an einem Gegenstand oder an einem Bauwerk

Ortsbezeichnung der Name eines Ortes

Ortskern Mittelpunkt einer Ansiedlung

Pächter hat ein Grundstück für längere Zeit gegen Bezahlung eines festgelegten Betrages übernommen

parallel gleichlaufend

pensioniert in den Ruhestand versetzt

Pfarrei Selbständige Kirchengemeinde

Pferde wechseln Auswechseln von ermüdeten Pferden gegen frische und noch kräftige Pferde

Pferde anspannen Pferde vor einen Wagen anbinden

Pferdefuhrwerke Wagen und Karren, die von Pferden gezogen wurden

Picknick eine Esspause machen

Plastik Werk eines Bildhauers, z.B. eine Figur

Platzwart Pfleger des Platzes

polieren glätten, schleifen

Pontonbrücke Schiffe, die eine Brücke bilden

prächtig sehr schön, herrlich

Produktion aufnehmen mit der Herstellung von Waren beginnen

Protestanten Angehörige der evangelischen Kirche

Putten Kinderengel

Putz Gemisch aus Sand, Wasser und Bindemitteln, mit dem insbesondere Außenwände bestrichen werden

Rangierlok Lokomotive, die Eisenbahnwagen auf ein anderes Gleis schiebt

räumen verlagern

rauschendes Fest großes Fest

Recyclist Jemand, der die noch brauchbaren Teile aus dem Abfall heraussucht und weiterverwendet

rege stark, lebhaft

Regel Vorschrift

Remisen Schuppen für Geräte und Wagen

Rheinarm seitlicher Wasserarm des Rheins

Rheinbucht in das Land ragender Teil des Rheins

Rinnsal kleiner Bach, Fluss

Ritterorden Zusammenschluss von Adeligen, oft mit religiösen Zielen

roden vom Wald frei machen, abholzen, Bäume fällen

romanisch Kunststil aus dem frühen Mittelalter mit Rundbögen im oberen Teil von Fenstern und Türen

Schieferplättchen Plättchen aus einem Gestein, das aus vielen dünnen Schichten besteht

Schieferverkleidung Wandverkleidung mit Gestein (Schiefer), das aus dünnen Plättchen übereinander gelegt ist

Schießpulver Pulver zum Abschießen einer Waffe

Schlehen eine Buschart mit Zweigdornen, die für das Pflanzen von Hecken verwendet wurde (Schwarzdorn)

Schleifstein Stein zum Schärfen

schlendern lässig und langsam gehen, ohne ein festes Ziel zu haben

Schleppkahn ein kleines Schiff mit einem starken Motor, das größere Schiffe hinter sich herziehen kann

schlicht einfach

Schneeschmelze wenn der Schnee sich auflöst

schreiben das Jahr es ist das Jahr

Schrein Eine Art Sarg, in dem Überreste von Heiligen aufbewahrt werden

Schrott unbrauchbare Abfälle aus Metall

schultern sich über die Schulter hängen

Schützenbruderschaft im Mittelalter eine Vereinigung von Bürgern zur Verteidigung

Schutzpatron Schutzheiliger

Schweifhaube Eine besondere, geschwungene Form des Daches bei Türmen

Schweizer Landhaus ein Haus, welches typisch ist für die Bauweise in der Schweiz

Sehenswürdigkeit etwas was wert ist, angesehen zu werden

seicht niedrig

Seitenaltar seitlicher erhöhter Tisch zur Messfeier

Seitenflügel der seitliche Teil eines Hauses oder einer Burg

selig ungefähr dasselbe wie heilig

Sendemast hohe Stange mit einer elektrischen Anlage zum Senden von Funk- und Fernsehsignalen

Sensen Geräte zum Mähen von Gras oder Getreide

Sicheln Geräte zum Schneiden von Gras

Sicherheitszonen Bereiche, in denen besondere Sicherheitsvorschriften gelten

Siegel Stempel

Skulptur Bildhauerarbeit

Solarzellen Zellen, die sich durch Sonnenlicht aufladen, eine Art Batterie

Sommersitz Ort, an dem man sich im Sommer aufhält und wohnt

Spezialitäten Besonderheiten

speziell von besonderer Art

Sprengstoff Eine Verbindung chemischer Stoffe, die explodiert, wenn sie gezündet wird

Sprossen rundes Querholz als Stufe an einer Leiter

Stadtarchiv Städtisches Haus, in dem Dokumente und Urkunden der Stadt gesammelt werden

Stadtwappen besonders gestaltetes Abzeichen als Kennzeichen einer Stadt

Stahlunternehmen ein aus mehreren Werken bestehender Betrieb, der Eisen herstellt oder damit handelt

Stahlwerk ein Werk, in dem aus Eisen Stahl hergestellt oder bearbeitet wird

Stallung Stall für Nutztiere

stattlich groß

Statue Werk eines Bildhauers, das eine ganze Menschengestalt zeigt

Stau Staudamm

stetig über eine relativ lange Zeit gleichmäßig, unaufhörlich

Stoffbahn Lange Gewebestücke, von denen kleinere Stücke abgeschnitten werden können

Stromerzeugung Erzeugung von fließender Elektrizität

Strumpfwirkerei maschinelle Herstellung von Strümpfen

Stuckverzierung kunstvolle Verzierungen aus einem Gemisch von Gips, Sand, Kalk und Wasser geformt an Wänden und Decken

tagen sich zusammensetzen

Tagungen größere Treffen oder Versammlungen

Taubenschlag Stall für Tauben

topos griechisch: der Platz

Trafostation kleines Haus mit einer Maschine, die die Spannung des elektrischen Stromes erhöht oder vermindert

Tuchfabrikant Hersteller von Tuchen und Stoffen

Turbine Kraftmaschine, die z.B. mit Wasserkraft eine Drehbewegung erzeugt

Türkischrot besondere Farbe Rot

überliefert vererbt, weiter gegeben

Ultramarin eine ursprünglich aus Lapislazuli gewonnene, leuchtendblaue Mineralfarbe. Carl Leverkus fand einen Weg, wie man diese Farbe künstlich und viel billiger herstellen kann

Umland das Land um einen Ort herum

unentgeltlich ohne Bezahlung für geleistete Arbeit

unmittelbar direkt

unter Wasser setzen etwas überschwemmen

unterbringen beherbergen

Untiefen flache Stelle im Wasser

Urkunde amtliches Schriftstück, durch das etwas beglaubigt oder bestätigt wird

Ursprung Ort oder Zeitraum, in dem der Anfang von etwas liegt

ursprünglich so wie es am Anfang war

Urzeiten vor unendlich langer Zeit

veredeln verfeinern

Verkehrsweg Wege, auf denen sich der Verkehr bewegt (Wasser, Luft, Schiene, Straße)

verkleiden bedecken

verladen aufs Schiff laden, verschiffen

verlaufen sich erstrecken

verlegen verlagern

verstohlen heimlich, unbemerkt

Vertriebene Menschen, die gezwungen wurden, ihre Heimat zu verlassen

Verwaltungseinrichtung Büros

Verwaltungsgebäude Bürogebäude

Villa größeres, bequemes und komfortables Haus, Landhaus

Volkshochschule Weiterbildungseinrichtung für Erwachsene

Volksmund Ausdruck oder Erzählung in der Sprache des Volkes

Vorbau vorspringender Teil eines Gebäudes

Vorburg Gebäude, die sich räumlich vor der eigentlichen Burg befinden

Wahrzeichen Merkmal

Waldland großflächiger Wald

Wasserkraft die Kraft des fließenden Wassers

Weggabelung Abzweigung, Kreuzung

weisen hindeuten

Wirtschaftsgebäude Ein Laden oder ein Lagergebäude, in dem niemand wohnt

Wirtschaftshafen Handelshafen

wohlhabend reich

Wohnsitz der Ort, an dem man wohnt und gemeldet ist

Yacht schnelles Boot für Sport- und Vergnügungsfahrten

Ziegelei Fabrik, die Bausteine (Ziegel) aus gebranntem Ton herstellt

zielsicher genau

Zisterziensermönch Mönch, der dem Orden der Zisterzienser angehört

Zollhaus Haus in dem der Zoll entrichtet werden muss

zu Wasser lassen ein Boot auf dem Wasser aufsetzen

Zugang Eingang

Zugführer der Leiter eines Löschzuges

Zündhölzer Streichhölzer

Bekannte Personen, die im Buch vorkommen

Adenauer, Konrad (1876–1967), 1949–1963 Bundeskanzler der Bundesrepublik Deutschland

Aldegundis (starb um 684 n. Chr.), Heilige, fränkische Adelige, Schutzpatronin gegen verschiedene Krankheiten

Alko, vermutlicher Namensgeber der Rodung Alkenrath, die später im Besitz des Klosters Altenbergs war

Aloysius von Gonzaga (1568–1591), Heiliger, katholischer Geistlicher, Schutzpatron der Studenten

Andersen, Hans Christian (1805–1875), dänischer Schriftsteller und Märchenerzähler

Andreas (1 Jh. n. Chr.), Heiliger, Apostel, Schutzpatron der Fischer, Metzger und Seiler

Antonius (251–356), Heiliger, Einsiedler und Abt, Schutzpatron der Haustiere, der Bürsten-, Korb- und Handschuhmacher, der Weber, Metzger, Zuckerbäcker und Totengräber

Baden, Jacobe von (1558–1597), Herzogin von Jülich-Kleve-Berg, lebte von 1593 bis 1594 in Ophoven

Bayer, Anna Emilie (1858–1922), Ehefrau von Friedrich Bayer jr. (1851–1920), Mitinhaber der Farbenfabriken vorm. Friedr. Bayer & Co.

Bayer, Friedrich sen. (1825–1880), Mitgründer der Firma Friedr. Bayer & Co. in Elberfeld, ein großer Teil der Fabrik wurde 1891 nach Leverkusen verlegt

Benedikt (starb um 820 n. Chr.), Heiliger, Bischof von Angers in Frankreich

Berg, von, bergische Adelsfamilie, stellte um 1100 die Grafen, später die Herzöge von Berg

Bismarck, Otto von (1815–1898), Politiker, 1871–1890 Kanzler des Deutschen Reiches

Breidenbach, Wilhelm Heinrich (1833–1924), Land- und Gastwirt, 1871–1919 Gemeindevorsteher in Wiesdorf

Caspers, Familie, Tabakfabrikanten in Hitdorf

Cremer, Gisbert Egon (1863–1929), Papierfabrikant, 1913–1920 Gemeindevorsteher in Bürrig

Deycks, Vincenz Joseph (1768–1850), Notar in Opladen, Onkel von Vincenz und Anton Wilhelm von Zuccalmaglio

Dopatka, Wilhelm (1919–1979), 1955–1961, 1964–1979 Oberbürgermeister in Leverkusen

Dorff, Johann Peter (1745–1816), Tabakfabrikant in Hitdorf

Droste zu Senden, Jobst Mauritz von (1666–1754), 1716–1754 Deutschordensherr auf Morsbroich, fördert den Bau der St.-Johannes-Nepomuk-Kapelle in Fettehenne, lässt 1732 das Herrenhaus des ehemaligen Rittersitzes Steinbüchel neu errichten

Duisberg, Carl (1861–1935), Chemiker, Generaldirektor der Farbenfabriken vorm. Friedr. Bayer & Co.

Eulenberg, Hugo, Ingenieur, Mitgründer der Maschinenbaufirma Eulenberg, Moenting & Co. (EUMUCO)

Fürstenberg-Stammheim, von, Adelsfamilie, 1831–1961 Besitzer von Haus Reuschenberg, 1832–1881 Besitzer der Reuschenberger Mühle

Gäbler, Chemische Fabrik an der Stixchesstraße in Manfort

Galen, Clemens August Graf von (1878–1946), 1933–1946 Bischof von Münster, setzte sich in seinen Predigten und Briefen für seinen Glauben und für die Menschenrechte ein

Georg (3. Jh. n. Chr.), Heiliger, häufig als Drachentöter dargestellt

Gezelinus (gestorben um 1150), Schafhirte des Klosters Altenberg. Er soll in Alkenrath auf eine Quelle gestoßen sein, der heilende Kräfte zugeschrieben werden

Goethe, Johann Wolfgang von (1749–1832), Dichter und Schriftsteller

Hall, Dietrich von, Besitzer des Rittersitzes Ophoven, wurde 1598 verhaftet und 1601 für immer des Landes verwiesen

Heiderich, Wilhelm, Schrotthändler aus Köln, 1872–1879 Walzwerkbesitzer in Manfort

Heinemann, Gustav (1899–1976), 1969–1974 Bundespräsident der Bundesrepublik Deutschland

Henkel, Chemieunternehmen in Düsseldorf

Illbruck, Willi (1927–2004), Gründer einer Firma für Kunststofftechnik in Bergisch Neukirchen

Iwanow, Familie, Pächter des Gutshofes Alkenrath

Janes, Josef (1903–1980), Hotelbesitzer in Küppersteg

Johannes (1. Jh. n. Chr.), Apostel, einer der vier Evangelisten

Johannes der Täufer (1. Jh. n. Chr.), lebte in der Wüste, taufte Jesus und sah in ihm den kommenden Erlöser der Menschheit

Johannes von Nepomuk (ca. 1350–1393), böhmischer Heiliger

Joseph von Nazareth, Zimmermann, Mann von Maria, der Mutter Jesu

Klausener, Erich (1885–1934), Ministerialdirektor, Leiter der Katholischen Aktion in Berlin, von Nationalsozialisten ermordet

Kuhlmann, Heinrich Peter (1784–1858), Sensenfabrikant in Schlebusch

Kuhlmann, Carl (1811–1867), Sensenfabrikant in Schlebusch, Sohn von Heinrich Peter Kuhlmann

Leuschner, Wilhelm (1888–1944), Gewerkschafter, 1929 hessischer Innenminister, wurde 1944 von den Nationalsozialisten hingerichtet

Leverkus, Carl (1804–1889), Apotheker, Chemiker, Unternehmer, Namensgeber der Stadt Leverkusen

Lützenkirchen, Heinrich (1909–1986), 1961–1964 Oberbürgermeister, 1964–1979 stellvertretender Bürgermeister in Leverkusen

Luther, Martin (1483–1546), Mönch und Reformator

Massmann, Otto (1932–1995), ehemaliger Ratsherr der Stadt Leverkusen, Vorsitzender des Bürgervereins Leverkusen-Alkenrath e.V.

Maske, Henry (*1964), 1988 Olympiasieger, 1989 Amateur-Boxweltmeister, 1993–1996 Profi-Boxweltmeister im Halbschwergewicht (IBF)

Maurinus (starb in Köln), Heiliger, Abt

Middelanis, Fritz (1874–1955), Zündholzfabrikant in Hitdorf

Moir van dem Broiche, Johann, Besitzer einer Burg in seinem sumpfigen Gelände (Bruch) bei Schlebusch, sein Name ist in der Bezeichnung Morsbroich noch enthalten

Montanus Schriftstellername von Vincenz von Zuccalmaglio

Mylius, Kaspar Joseph Carl Freiherr von (1749–1831), österreichischer General und Besitzer von Haus Reuschenberg,

in seinem Nachlass befand sich der Text des beliebten Karnevalsliedes „Der treue Husar"

Nees, Familie, Tabakfabrikanten in Hitdorf

Nikolaus (4. Jh. n. Chr.), Heiliger, Bischof von Myra in Kleinasien, u. a. Schutzpatron der Advokaten, Notare, Reisenden, Fischer, Kaufleute, Apotheker und anderer Berufe

Nobel, Alfred (1833–1896), Sprengstofffabrikant, stiftete den Nobel-Preis

Omphal, Jakob (von) (1500–1567), Doktor der Rechte, Besitzer eines Hauses in Wiesdorf, das nach ihm „Doktorsburg" genannt wurde

Pantaleon (starb um 305 n. Chr. in Kleinasien), Heiliger, Arzt, Schutzpatron der Ärzte und Hebammen

Pohnke, Pauline (1883–1980), Kuhmagd in Wiesdorf

Remigius (ca. 439–533), Heiliger, Bischof von Reims in Frankreich

Reuschenberg, Heinrich von, 1646–1677 Deutschordensherr auf Morsbroich, ließ 1659 die zerstörte Gezelinkapelle wieder errichten und erwirbt 1666 den Binnerster Hof in Schlebusch

Roll zu Bernau, Ignaz Franz Felix Freiherr von (1719–1795), 1754–1792 Deutschordensherr auf Morsbroich, ließ das Schloss, den Binnerster Hof und die Mühle in Schlebusch neu errichten

Römer, Albert (1824–1915), Färbermeister, Fabrikant in Opladen

Römer, Max (1855–1925), Sohn von Albert Römer, Fabrikant in Opladen, Erbauer des Hauses Frankenberg, das später „Villa Römer" genannt wird

Schlebusch, Familie von, Besitzer einer Wasserburg in Schlebusch und Amtmänner in Miselohe

Scholl, Hans (1918–1943) und Sophie (1921–1943), Studenten, Mitglieder der Widerstandsgruppe „Weiße Rose", wurden 1943 durch die Nationalsozialisten hingerichtet

Schoeller, August (1836–1911), Färbermeister, Fabrikant in Opladen

Schoeller, Ferdinand (1842–1909), Färbermeister, Fabrikant in Opladen

Sebastianus (starb im 3. Jh. n. Chr. in Rom), Heiliger, römischer Offizier, Schutzpatron der Sterbenden, der kranken Kinder, Soldaten, Kreuzritter, Schützen, Gärtner und Töpfer

Stephanus (starb im 1. Jahrhundert n. Chr. in Jerusalem), Schutzpatron der Pferde, Pferdehändler, Kutscher, Maurer, Zimmerleute und Weber

Stauffenberg, Berthold Graf Schenk von (1905–1944), Jurist, verübte ein Attentat auf Adolf Hitler, 1944 durch die Nationalsozialisten hingerichtet

Terwiel, Maria (1910–1943), Sekretärin, wurde 1943 wegen ihrer christlichen Lebenshaltung und ihrer Unterstützung von jüdischen Mitbürgern von den Nationalsozialisten hingerichtet

Thadden, Elisabeth von (1890–1944), Erzieherin, wurde 1944 wegen ihrer Lebenshaltung von den Nationalsozialisten hingerichtet

Uhlmann, Hans (1900–1975), Professor an der Hochschule für bildende Kunst in Berlin, gestaltete das Widerstandsdenkmal in Alkenrath

Uplaiden, Gottschalk Starke von, in den Jahren um 1362 Besitzer eines Rittersitzes in Opladen

Uplaiden, Lyse von, Ehefrau von Gottschalk Starke von Uplaiden

Uplaiden, Ida und Hermann von, Kinder von Gottschalk Starke und Lyse von Opladen

Völler, Rudi (*1960), ehemaliger Bundesliga- und Nationalspieler, 1990 Fußballweltmeister, 2000–2004 Teamchef der deutschen Nationalmannschaft, heute Sportchef bei Bayer 04

Wenzel (1361–1419), 1378–1419 böhmischer König, 1378–1400 deutsch-römischer König

Weskott, Mathilde (1852–1940), Ehefrau von Friedrich Weskott jr. (1850–1941), Mitinhaber der Farbenfabriken vorm. Friedr. Bayer & Co.

Wirth, Färberfamilie aus der Schweiz, kaufte 1914 die Färberei Schoeller in Opladen und gab ihr den Namen Schusterinsel

Wirtz, Johann (1860–1929),
1900–1929 Gemeindevorsteher in
Rheindorf

Wrede, Familie von, im 15. Jahrhundert
Besitzer des „Wredenberger Hofes" =
Friedenberger Hof in Opladen

Wuppermann, Heinrich Theodor
(1835–1907), Gründer und Besitzer
eines Stahlwerkes in Manfort

Zuccalmaglio, Anton Wilhelm von
(1803–1869), Hauslehrer und Schriftsteller, Bruder von Vincenz von
Zuccalmaglio

Zuccalmaglio, Jakob Salentin von
(1775–1838), Notar und 1808–1818
Bürgermeister in Schlebusch, Vater
von Vincenz und Anton Wilhelm von
Zuccalmaglio

Zuccalmaglio, Vincenz von
(1806–1876), Notar und Schriftsteller,
Bruder von Anton Wilhelm von
Zuccalmaglio

Es begann mit einer Idee ...

... nämlich den Leverkusener Kindern ihre Heimatstadt im Sachunterricht näher zu bringen, damit sie mehr wissen über diese schöne und interessante Stadt und sie als ihre Heimat schätzen lernen.

Die Idee begeisterte viele, die sich ehrenamtlich engagierten, so dass dieses Buch überhaupt entstehen konnte. Dafür danken wir allen ehrenamtlichen Helfern, ganz besonders dem Arbeitskreis „Schulfibel" unter der Leitung zunächst von Walter Heeland, dann von Hans-Erich Hofmann. Ebenso danken wir der Schulaufsicht und der KulturStadtLev Stadtarchiv für die wohlwollende und engagierte Begleitung des Projektes.

Aber mit dem ehrenamtlichen Engagement allein war es nicht getan.

Der Druck kostete viel Geld. Und dafür haben viele Sponsoren, denen das Wohl unserer Heimatstadt und die Weitergabe des Wissens über unsere Heimat an unsere Kinder am Herzen liegt, die erforderlichen Mittel aufgebracht, wofür wir an dieser Stelle ebenso herzlich danken.

Wir hoffen und bitten dafür um weitere Unterstützung, dass wir diese Schulfibel für den Sachunterricht an Grundschulen stets aktuell halten und vielen Kindern und deren Familien unsere Heimat etwas näher bringen können.

Manfred Wiethüchter

Vorsitzender des Vereins Leverkusen – ein starkes Stück Rheinland e.V.

Sponsoren:

Bayer04 Fußball GmbH
Bayer Industry Services GmbH & Co. KG
Peter Bender Autorecycling
EVL
Ford Borgel Kroymans Autohaus GmbH
Klaus und Dorothea Hopstätter
Kraftverkehr Wupper-Sieg AG
Kronos-Titan-GmbH
Ohlig Dienstleistungen GmbH & Co. KG
Ramada Hotel Leverkusen
Sparkasse Leverkusen
Volksbank Rhein-Wupper eG
Wellpappenwerk Franz Gierlichs GmbH & Co. KG